Vier Pfoten auf Tour

16 abwechslungsreiche
Ausflüge mit Hund

in NRW

Kerstin Goldbach
Kirsten Schönenborn

16 abwechslungsreiche
Ausflüge mit Hund
in NRW

Vier Pfoten
auf Tour

J.P. BACHEM VERLAG

Bildnachweis
Alle Abbildungen Paul Meixner außer:
Eiszeitliches Wildgehege Neandertal: Seite 87
Esser, Manfred: Portraitfoto Kirsten Schönenborn
Schüßling, Britta: Portraitfoto Kerstin Goldbach
WDR/Annika Fußwinkel: Portraitbilder Simone Sombecki

Die Adressen und Angaben im Serviceteil des Buchs
wurden von den Autorinnen sorgfältig recherchiert und
vom Verlag geprüft. Wir bitten um Verständnis, dass
Verlag und Autorinnen keine Garantie für die Richtigkeit
der Angaben übernehmen können. Für Korrekturhinweise
sind wir sehr dankbar.

**Bibliografische Information
der Deutschen Nationalbibliothek**
Die Deutsche Nationalbibliothek verzeichnet diese
Publikation in der Deutschen Nationalbibliografie;
detaillierte bibliografische Daten sind im Internet über
http://dnb.dnb.de abrufbar.

1. Auflage 2017
© J.P. Bachem Verlag, Köln 2017
© WDR, Köln / Agentur: WDR mediagroup GmbH
Lektorat: Tobias Rothenbücher, Bonn
Layout: Cindy Kinze, Köln
Karten: Geoinformationen © Outdooractive
© GeoBasis-DE / BKG 2017
Redaktion WDR: Alenka Sodec
Druck: Grafisches Centrum Cuno, Calbe
Printed in Germany

ISBN 978-3-7616-3157-7 Buchausgabe
ISBN 978-3-7616-3227-7 EPUB
ISBN 978-3-7616-3226-0 PDF
ISBN 978-3-7616-3228-4 MOBI

Aktuelle Programminformationen finden Sie unter:
www.bachem.de/verlag

Auch als
eBook
erhältlich

FSC
www.fsc.org

MIX
Papier aus verantwor-
tungsvollen Quellen
FSC® C043106

Wir bedanken uns herzlich bei allen Teilnehmern, die uns mit ihren Hunden auf unseren Ausflügen begleitet und sich für die Fotoaufnahmen zur Verfügung gestellt haben.

INHALT

VORWORT

Ich liebe es, in der Natur unterwegs zu sein! Vielleicht liegt es daran, dass ich schon als Säugling im Kinderwagen durch die Wälder des Ortes Rhade im südlichen Westmünsterland geschoben wurde – so ist es zumindest überliefert … Bei uns zu Hause hieß es – und heißt es übrigens immer noch: mindestens einmal täglich raus an die frische Luft! Egal ob Sonne, Regen oder Schnee. Während andere Kinder zum Ballettunterricht gefahren wurden, war ich lieber mit unserem Familienhund Lille in den Wäldern und Feldern unterwegs. Statt Tutu und Spitzenschuhen hatte ich geflickte Jeans, Gummistiefel und Turnschuhe im Schrank – auch das ist übrigens immer noch so. Kurz: Natur ist aus meinem Leben nicht wegzudenken.

Heute begleiten mich auf meinen täglichen Spaziergängen meine eigenen drei Hunde und zeigen mir, was im Leben wirklich wichtig ist: unsere gemeinsame Zeit. Gemeinsam mit ihnen unterwegs sein, sich Zeit nehmen, den Augenblick genießen und immer wieder neue Runden kennenlernen. Das ist es, was uns glücklich macht. Hunde leben im Hier und Jetzt, sie denken nicht darüber nach, ob sie noch einkaufen, im Büro anrufen oder sonst was erledigen müssen. Sie genießen einfach, mit uns zusammen zu sein! Und genau das schaue ich mir bei jedem Spaziergang von ihnen ab! Auf unseren Touren wird das Kopfkino abgestellt und das Handy nur für den Notfall eingepackt.

Nehmen Sie sich Zeit, lassen Sie an Aussichtspunkten den Blick schweifen, setzen Sie sich hin, hören Sie den Vögeln zu und entdecken Sie, wie wundervoll charmant Nordrhein-Westfalen ist. Machen Sie sich einfach einen schönen Tag mit Ihrem Hund. Egal ob Sie allein, mit Freunden oder mit der Familie unterwegs sind: Freuen Sie sich über die Auszeit, und vor allem: Genießen Sie den Moment – so wie ihr Hund.

Simone Sombecki

ÜBER DIESES BUCH

Jeder Hund ist begeistert, wenn er laufen, Neues erschnuppern und die Natur erleben kann. Spielen, toben und einfach mit seinem Rudel zusammen sein – eigentlich reicht das für ein gutes Hundeleben. Aber wie sieht es aus, wenn die Familie ein Museum besichtigen möchte oder einen Wildpark? Wohin mit dem Hund? Kann man ihn mitnehmen? Fühlt er sich wohl, ist er willkommen? Damit die Bedürfnisse des Hundes bei der Planung eines Ausflugs nicht zu kurz kommen, haben wir in diesem Buch 16 Touren für Sie zusammengestellt, die problemlos mit Hunden zu meistern sind. Einige sind sogar extra für sie konzipiert. So können sie beispielsweise beim Geodogging ihre Schnuppernasen trainieren oder lernen, wie man sich an Bord eines Kanus verhält: Einer Ausfahrt mit Hund an Bord steht dann nichts mehr im Weg. Toben und rumtollen können quirlige Vierbeiner am besten auf den großen Freilaufwiesen. Eine Auswahl der schönsten Areale in Nordrhein-Westfalen, die mehr bieten als nur ein eingezäuntes Gelände, präsentieren wir in diesem Buch ebenso.

Alle Touren führen in landschaftlich reizvolle Regionen, ob in die Wasserwelt des Naturparks Schwalm-Nette, zu den Wildpferden im ländlichen Dülmen, zur imposanten Sparrenburg in Bielefeld oder auf das Dach einer Halde im Ruhrgebiet. Hier findet jeder Hundebesitzer Ausflüge nach seinem Geschmack. Einige Ziele bieten sich sogar für einen Kurzurlaub an. Im Serviceteil haben wir deshalb auf hundefreundliche Übernachtungsmöglichkeiten hin-

gewiesen. Egal ob Hotel, Pension oder Campingplatz, bei allen genannten Gastgebern sind Hunde willkommen und bei einigen sogar ausdrücklich erwünscht.

Hunde sind treue Begleiter des Menschen, und deshalb waren wir nicht alleine unterwegs, um die Ausflüge in diesem Buch auszukundschaften. Auf allen unseren Touren standen uns jeweils ein oder zwei Hunde zur Seite. Jedem haben wir ein kleines Portrait gewidmet, in dem wir seine Geschichte erzählen, denn nicht immer hatten sie es leicht. Viele unserer Tour-Hunde haben früher einige Zeit im Tierheim verbracht oder wurden von Tierschutzorganisationen aus verschiedenen Ländern an ihre heutigen Besitzer vermittelt. Doch sie hatten großes Glück, denn alle haben „ihren Menschen" gefunden.

Mit den 16 Touren in diesem Buch möchten wir Ihnen nicht nur Anregungen und Tipps für Ihren nächsten Ausflug geben, sondern Sie dazu ermuntern, sich selbst und Ihrem Hund mal etwas Besonderes zu bieten. Also, machen Sie sich auf den Weg, raus aus dem Trott des täglichen Gassigangs, und unternehmen Sie etwas! Ihr Hund wird Ihre Freude spüren und zusammen werden Sie einen tollen Ausflugstag erleben.

Wir wünschen Ihnen viel Spaß auf Ihren Trips für Zwei- und Vierbeiner in Nordrhein-Westfalen.

Kerstin Goldbach und Kirsten Schönenborn

Tour 1
Mit Cera auf dem Eifelsteig

Spannende Pfade durch Natur, Kultur und Literatur

Die Eifelsteigetappe 8 von Mirbach nach Hillesheim bietet 26 Kilometer Auslauf für bewegungsfreudige Hunde und unterschiedlichste Eindrücke für den Menschen. Grüne Wälder, Blumenwiesen, Viehweiden und Wacholderschutzgebiete erwarten den Wanderer. Es locken Steinbrüche und kleine pittoreske Orte mit freundlichen Eifelbewohnern, die gerne Geschichten erzählen: eigene Erlebnisse oder erfundene Kriminalgeschichten mit Eifelschauplätzen.

Kirsten Schönenborn

Cera

Im Sommer 2008 konnte Antje ihre Familie überzeugen, sich einen Hund anzuschaffen, und der sollte aus dem Tierheim kommen. Nach eifriger Suche wurden sie beim Tierschutz fündig und die Wahl fiel auf eine circa vier Monate alte Mischlingshündin aus Portugal, die von Antjes Söhnen Jan und Eike nach dem Zeichentrickfilm „In einem Land vor unserer Zeit" Cera getauft wurde. Der Welpe entwickelte sich problemlos, begleitete Eike bereits nach wenigen Monaten in den Kindergarten und genoss dort die Aufmerksamkeit von 25 Kindern. Sie liebt nach wie vor jede Form von Streicheleinheiten und schlüpft auch gern mal mit ins Bett. Als festen Bestandteil der Familie möchte sie keiner mehr missen. Alle genießen die Zuneigung des Hundes und geben sie gerne zurück. Viel Bewegung bei Wind und Wetter und die Begegnungen mit anderen Menschen und Hunden bereiten der Familie mit der friedlichen Cera große Freude und halten alle fit. Ein echter Sechser im Lotto!

Über 313 Kilometer Wegstrecke durch die Natur, gespickt mit idyllischen Dörfern, kleinen Weilern und viel Wasser, durch das größte Hochmoor Europas und den einzigen Nationalpark Nordrhein-Westfalens, vorbei an einer großen Auswahl an Einkehr- und Übernachtungsmöglichkeiten führt der **Eifelsteig.** Von Aachen bis Trier ist der Steig in 15 Tagesetappen zwischen 15 und 28 Kilometern Länge eingeteilt. Da fällt die Wahl schwer.

Die lauffreudige Cera und ihre Menschen Antje und Ekkehard wollen heute ausgiebig wandern und entscheiden sich für die Etappe 8, die über die nordrhein-westfälische Landesgrenze hinaus größtenteils auf rheinland-pfälzischem Terrain verläuft. Der Startpunkt ist in **Mirbach** am Parkplatz an der Burgstraße, unterhalb der **Erlöserkapelle**. Vorab besuchen wir aber noch das Gotteshaus mit seiner üppigen, außergewöhnlich goldfarbenen Innenausstattung. Etwas weiter unterhalb, auf dem Kapellenweg, wirbt die **Wanderhütte „Em Backes"** mit frisch gebackenem Flammkuchen aus dem Steinbackofen, schon mal eine Idee, wo wir später einkehren können. Hunde sind willkommen und Cera schleckt vorsorglich eine ordentliche Ration Wasser aus dem aufgestellten Napf. Die Tour beginnt am Kapellenvorplatz. Hier steht das unübersehbare Eifelsteig-Zeichen, dem wir nun 26 Kilometer bis Hillesheim folgen. Der Weg führt durch eine **Mischobstallee** aus Apfel-, Birn-, Pflaumen- und Mirabellenbäumen, an deren Stämmen kleine Schilder mit den Geburtstagen neugeborener Kinder aufgestellt sind. Es ist eine alte Tradition, Kindern zur Geburt einen Baum zu pflanzen. Idealerweise soll der Obstbaum das erste Mal Früchte tragen, wenn der Nachwuchs eingeschult wird. Das scheint zu klappen, denn hier verkehrt ein Schulbus und Früchte hängen reichlich an den Bäumen. Wir mopsen einige Pflaumen und weiter geht es durch die Unterführung und auf Feldwegen sanft bergan.

Der Eifelsteig lässt sich kaum verfehlen.

Frische Luft und Ruhe

Cera galoppiert über die Wiesen, während Antje und Ekkehard entspannt durchatmen, den Alltag pausieren lassen und sich nur auf die Natur und ihre eigenen Wanderschritte konzentrieren. Herrlich! Von der Höhe aus öffnet sich ein wunderbarer Blick über die sanfte Hügelwelt der Vulkaneifel, bevor der Weg in den Eifelwald führt. Mischwald, Schonungen, Felder und Wiesen wechseln sich nun ab. Wir passieren einen Aussichtsplatz, auf dem im Sommer zahlreiche Wald- und Wiesenfeste gefeiert werden. Von hier aus ist in der Ferne die Nürburg zu sehen. Weiter geht es auf bequemen Forstwegen. Die Landschaft prägen nun karge Täler, auf deren sandigem Boden Wacholder und vereinzelt Kiefern wachsen. Zahlreiche **Steinbrüche** sind hier zu finden.

Links: Durch die Obstbaumallee
Rechts: Äpfel, rot und reif

Wachsender Wasserfall

Nach circa dreistündiger Wanderung erreichen wir ein Eifler Naturschauspiel, den **Dreimühlener Wasserfall**. Drei Bachquellen wurden in einen gemeinsamen Ablauf geleitet und plätschern nun über eine bemooste Felsen-wand. Diese Zusammenführung, um neuen Wegen und Bahntrassen Platz zu machen, wurde zu Beginn des 20. Jahrhunderts vorgenommen. Daher ist der heutige Wasserfall noch ganz jung. Aus altem, nämlich mittelde-vonischem Kalkstein bestehen dagegen die Klippen, über welche das acht Grad kalte Wasser über vier bis sechs Meter ins **Ahbachtal** fällt. Das kalkhaltige Wasser und die speziellen Moose bewirken, dass dieses kleine Naturwun-der Jahr für Jahr um weitere zehn Zentimeter wächst. Ein wunderbarer Platz für eine Rast und Abkühlung im hei-ßen Sommer. An besonders schönen Sonn- und Feierta-gen kann es aber auch voll sein. Cera schleckt das klare Bachwasser, während Antje und Ekkehard sich gemütlich auf eine Bank setzen, das Picknick auf dem Tisch ausbrei-ten und die bunt bemoosten Felsen betrachten.

Links: Geteilte Freude
Rechts: Panoramablick über
die Vulkaneifel

Entlang kleiner Ortschaften mit Geschichte

Einige Hundert Meter weiter durch das Ahbachtal liegt die idyllische **Nohner Mühle**, eine beliebte Einkehr bei Wanderern, Radlern und Reitern. Für Hunde steht immer ein Napf voll Wasser bereit. Der Eifelsteig biegt kurz zuvor nach rechts durch die Unterführung ab. Auf unserem Weg durch ein **Wacholderschutzgebiet** streifen wir den Ort **Niederehe**. Sehenswert ist hier die ehemalige **Klosterkirche** aus dem 12. Jahrhundert mit dem Hochgrab des Grafen Philipp von der Mark und seiner Frau Katharina von Manderscheid sowie der barocken Balthasar-König-Orgel und einem spätgotischen Chorgestühl. Während Antje und Ekkehard die Kirchenkunst bestaunen, kann sich Cera im Schatten des Gemäuers etwas ausruhen.

Doch schon geht es weiter durch Wald und über Wiesen. Von einer Anhöhe aus (nach circa fünf Stunden Wegzeit) bietet sich ein wunderbarer Ausblick auf den charmanten Ort Kerpen mit seiner trutzigen Burg, die wir aber nur aus der Ferne bewundern, ehe wir weiterlaufen in Richtung Berndorf.

Inspiration zum Verbrechen

Zwischen den Orten Kerpen und Berndorf liegt ein eindrucksvoller alter Steinbruch mit dem seltsamen Flurnamen **Weinberg**. Und tatsächlich bezeugen die Funde viele Hundert Jahre alter Weinstockwurzeln, dass hier einst Wein angebaut wurde. Zu vermuten ist, dass er so sauer war wie das karge Leben der Eifler Bevölkerung zu jenen Zeiten. Hier in diesem Steinbruch ließ sich der **Krimiautor Jaques Berndorf**, alias Michael Preute, zu seinem ersten Eifelkrimi inspirieren, und wenn man sich hier in der kargen Landschaft mit den schroffen Berghängen so umschaut, ist das auch für Nichtschreiber vorstellbar. Sein Autorenpseudonym gab sich der heute 80-Jährige nach dem Ort Berndorf, unserer nächsten Station, wo er einige Jahre lebte. Die Bevölkerung erinnert sich gerne an ihren früheren Nachbarn. Erhaben auf einem Hügel thront die alte **Wehrkirche St. Peter**, das Wahrzeichen des Orts. Erwähnt wurde sie erstmals in einer Besitzurkunde aus dem Jahr 1136; ob sie zu dieser Zeit schon aus Stein war, ist nicht bekannt. Sie wurde über die Jahrhunderte immer wieder umgebaut und erweitert und erfreut sich heute der Pflege des örtlichen Fördervereins „Alte Wehrkirche St. Peter Berndorf e. V.". Sehenswert ist auch der **Kreuzweg** entlang des Friedhofs.

Auf der Zielgeraden

Viele Stunden sind wir inzwischen unterwegs und selbst Cera scheint mit ihren Energiereserven zu haushalten. Es geht am Bach und ein kurzes Stück an der Straße entlang, dann wieder über offenes Gelände und am Kiefernwald vorbei. Nun bergab und wieder bergauf, bis wir an einem Sendemast stehen und unser Ziel **Hillesheim** erblicken. „Im Zentrum des Verbrechens": Mit diesem Slogan wirbt das eigentlich so friedvolle Marktstädtchen. Als Hochburg des Eifelkrimis lockt es Krimifans von weit her, die auf dem Krimipfad an den Schauplätzen des Verbrechens entlangwandern, im Kriminalhaus in Büchern stöbern und im **Café Sherlock** in aller Ruhe eine „Chocolat Poirot" schlürfen möchten. Das nahe gelegene **Krimihotel** bietet Übernachtungen mit Thema an, etwa im Sherlock-Holmes- oder Miss-Marple-Zimmer. Hunde sind willkommen, und wir werden hier zu Abend essen. Die Speisekarte mit Namen wie „Die Liste des Würgers von Blackmoore Castle" zeigt eine breite Vielfalt schauriger Gerichte mit viel Blut. Antje und Ekkehard übernachten hingegen mit Cera im **Hotel „Zum Amtsrichter"** in einer gut gesicherten Gefängniszelle. Hier fallen sie nach einem langen Tag der vielfältigsten Natureindrücke „todmüde" ins Bett.

Links: Abkühlung
gefällig?
Rechts oben: Wander-
freuden im Wald
Rechts unten: Was raschelt
da im Moos?

SERVICE

WANDERN
Eifelsteig-Etappe Mirbach – Hillesheim
Start: Wanderparkplatz Mirbach
Länge: 26 Kilometer
Informationen zu den Dreimühlener Wasserfällen:
www.geopark-vulkaneifel.de

ANFAHRT
Pkw (Navi): Burgstraße, 54578 Wiesbaum-Mirbach
Wanderparkplatz unterhalb der Kirche

ÖPNV
Mit RB11451 nach Jünkerath Bf., weiter per Taxi nach Mirbach.

Taxiunternehmen, die auch Hunde mitnehmen, für die Anreise
mit ÖPNV und die Rückfahrt vom Ziel- zum Ausgangspunkt:

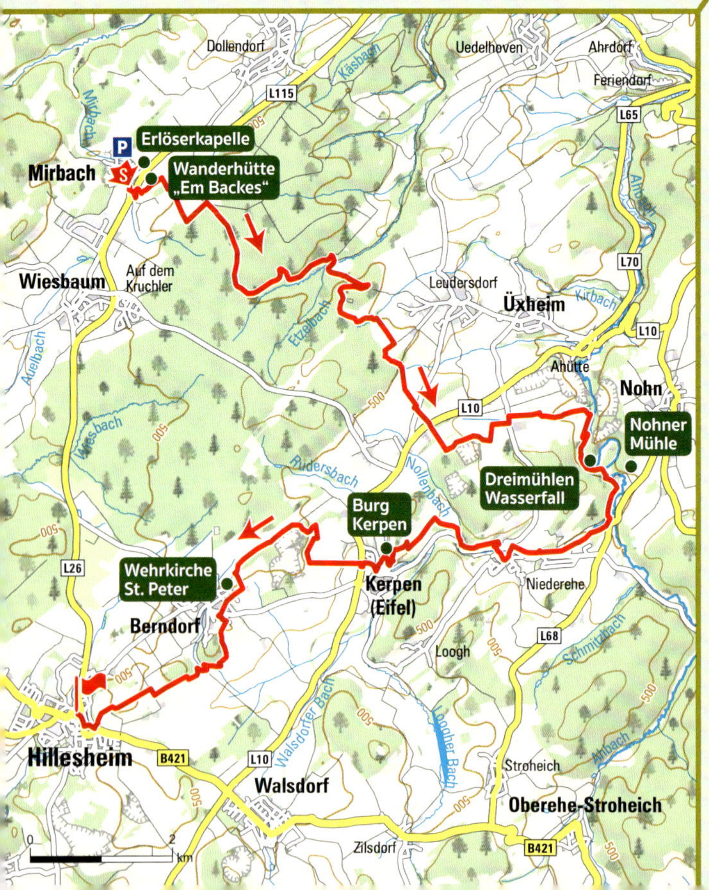

Links: Abkühlung
gefällig?
Rechts oben: Wander-
freuden im Wald
Rechts unten: Was raschelt
da im Moos?

SERVICE

WANDERN
Eifelsteig-Etappe Mirbach – Hillesheim
Start: Wanderparkplatz Mirbach
Länge: 26 Kilometer
Informationen zu den Dreimühlener Wasserfällen:
www.geopark-vulkaneifel.de

ANFAHRT
Pkw (Navi): Burgstraße, 54578 Wiesbaum-Mirbach
Wanderparkplatz unterhalb der Kirche

ÖPNV
Mit RB11451 nach Jünkerath Bf., weiter per Taxi nach Mirbach.

Taxiunternehmen, die auch Hunde mitnehmen, für die Anreise
mit ÖPNV und die Rückfahrt vom Ziel- zum Ausgangspunkt:

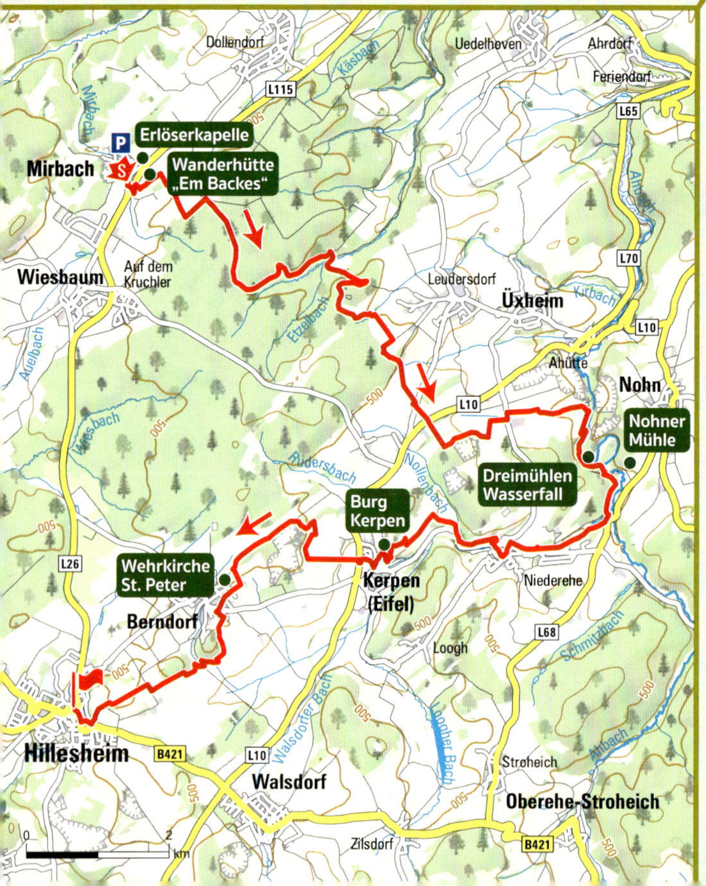

Taxi Christen
Tel. 06593-260 oder 0171-193 92 08

Taxi Trauden
Tel. 06593-98 91 98, auch Kleinbus bis 8 Personen

EINKEHREN
Em Backes
Kapellenstraße 2
54578 Wiesbaum-Mirbach
Tel. 06593-236 99 08
thiel.reinhold@t-online.de

Café Nohner Mühle
Nohner Mühle 2
54578 Nohn
Tel. 02696-13 14
www.nohnermuehle.de

Das kleine Landcafé
Fritz-von-Wille-Straße 8
54578 Kerpen
Tel. 06593-99 69 69
www.daskleinelandcafe.de

Café Sherlock
Am Markt 5–7
54576 Hillesheim
Tel. 06593-80 94 35
www.kriminalhaus.de/cafe.htm

ÜBERNACHTUNGSMÖGLICHKEITEN
Zum Amtsrichter
Kölner Straße 10
54576 Hillesheim
Tel. 06593-98 57 31
www.amtsrichter.de

Das Krimihotel
Am Markt 14
54576 Hillesheim
Tel. 06593-98 08 96 00
www.krimihotel.de

Tipp für einen mehrtägigen Aufenthalt in der Eifel:
Ferienhäuser-Hundeparadies Eifel
Feusdorfer Straße 33
54584 Jünkerath
Tel. 06597-96 10 40
www.hundeparadies-eifel.eu
Hier sind Hunde sogar erwünscht.

Tour 2

Der Wildpark Schmidt in der Eifel

Mit Gonzo auf Besuch bei Hof- und Waldbewohnern

Wildschweine und Hirsche aus nächster Nähe zu betrachten, hat einen ganz besonderen Reiz, vor allem für Kinder. Deshalb ist diese Tour, die uns in den Wildpark Schmidt in der Eifel führt, ein schöner Ausflug für die ganze Familie. Und der Hund ist natürlich mit von der Partie! Der Park bietet auf seinem rund 35 Hektar großen Gelände nicht nur Einblicke in die heimische Wildtierwelt, sondern auch eine gemütliche Kaffeestube mit hausgemachtem Kuchen und schönem Eifelblick. Besonders reizvoll ist diese Tour im Herbst, wenn das Rotwild in der Brunft und das Röhren der Hirsche zu hören ist oder im Frühjahr, wenn Kälber und Frischlinge den Park mit neuem Leben füllen.

Kerstin Goldbach

Gonzo

Als das zweite Kind kam, fühlte sich der damals vierjährige Gonzo nicht mehr wohl bei seinen Besitzern. Er war eifersüchtig auf das neue Familienmitglied und zeigte es auch deutlich. Dann wurde er im Tierheim abgegeben. Allerdings ziemlich verwahrlost: Erbärmlich dünn war er und die Haut schimmerte unter dem zerzausten Fell hervor. Obwohl er aussah wie ein gerupftes Huhn, waren sich Angela, Ralf und die beiden Kinder spontan einig, als sie ihn im Tierheim entdeckten: „Der soll es sein, unser Hund." Nun lebt er schon seit vier Jahren bei seiner neuen Familie und hat sich dort prima eingefügt. Ein lustiger, freundlicher Pudel-Mischling, ein prima Familienhund, der sein Rudel gern beisammen hat.

Ein paar Allüren sind ihm allerdings gegönnt: Spaziergänge bitte nur bei schönem Wetter! Niemals eine Pfote in eine Pfütze setzen! In den Futternapf gehört nur Fleisch, kein Getreidezeugs. Autofahren nein danke, zu viel Schaukelei. Möpse und Bulldoggen – kein Kommentar.

I n bester Lage am Rande des Nationalparks Eifel oberhalb der Ruhrtalsperre liegt der Wildpark des kleinen Örtchens Schmidt. Seit 30 Jahren wird er von der Familie Scheidtweiler geführt – mittlerweile in der dritten Generation. Die familiäre Note macht den Charme dieses Parks aus, der ohne Souvenirverkauf und Imbissbuden auskommt, dafür aber mit „Lillys Kaffeestube" einen gemütlichen Treffpunkt geschaffen hat.

Rund 100 Tiere leben im Park, der außergewöhnlich groß ist und ihnen viel Auslauf und Rückzugsmöglichkeiten bietet. Neben Rot-, Schwarz- und Damwild gehören auch zahlreiche Haustiere wie Ziegen, Hühner oder Kaninchen zu seinen Bewohnern. In den nächsten Jahren soll einiges umgestaltet werden und sogar eine Hundefreilauffläche entstehen. Eine prima Idee, um den Park für Hundebesitzer noch attraktiver zu machen.

Ziegen und allerhand Federvieh

Ein rund fünf Kilometer langer Rundweg auf dem wir Gonzo und seinen vierköpfigen Familienclan begleiten, durchzieht das Areal. Gonzo wird schnell noch angeleint, denn ohne Leine darf er nicht hinein. Die Eintrittskarten kaufen wir direkt in der Stube, in der es schon verführerisch nach Kaffee duftet. Doch gleich mit einer Pause anfangen? Die verschieben wir lieber auf später. Also machen wir uns auf den Weg, ausgerüstet mit einer Tüte Tierfutter, das man an der Kasse erhält. Das Gehege ist landschaftlich sehr reizvoll: Drei Bäche durchziehen das Gelände und geben dem Park eine abwechslungsreiche Gestalt.

Gleich zu Beginn unseres Spaziergangs genießen wir eine eindrucksvolle Fernsicht in die Eifellandschaft. Wir blicken über eine Wiese und haben Glück: Ein Hirsch mit großem Geweih hat es sich hier gemütlich gemacht – ein Eins-a-Fotomotiv.

Startklar für den Rundgang durch den Wildpark

Der Rundweg führt uns zunächst vorbei an den **Gehegen der Haustiere**. Die Ziegen machen mit Meckern auf sich aufmerksam und werden sofort von kleinen Kindern umringt, die ihnen ein paar Maiskörner aus der Futtertüte zustecken. Und auch Gonzo bekommt eine kleine Belohnung, denn er verhält sich den kleinen gehörnten Tieren gegenüber vorbildlich.

Auch wenn es keine Tiere im Park gäbe, der Rundweg, der uns nun hinabführt zu einem kleinen Weiher, ist eine abwechslungsreiche Wanderung, die mal bergauf, mal bergab führt und auch von Kindern gut zu meistern ist.

Am Geschnatter können wir schon hören, dass wir bald an dem kleinen **Weiher** ankommen, der von Enten und Gänsen bevölkert wird. Im Wasser schwimmen zudem stattliche Karpfen. Eine Bank mit direktem Blick auf das Gewässer lädt dazu ein, eine Pause einzulegen und die Vögel zu beobachten. Wie viele Wasservögel es hier gibt, ist schwer zu schätzen und schwankt von Jahr zu Jahr, aber sie fühlen sich hier offensichtlich wohl und kehren nach jedem Winter zurück.

Von Hirschen und Borstenviechern

Auf unserem Weg stoßen wir links und rechts auf die großen Wildgehege. Das **Rotwild** ist mit rund 50 Tieren die
größte Gruppe im Park, und einige der stattlichen Tiere
haben wir bereits am Startpunkt des Rundgangs bei den
Ziegen kennengelernt. Sie unterscheiden sich vom Damwild, das wir gleich besuchen werden, in der Form ihres
Geweihs und der Körpergröße. Das Damwild ist kleiner
und hat im Gegensatz zum Rotwild ein Schaufelgeweih.
Charakteristisch sind auch die hellen Flecken, die sich im
Sommer auf dem Rücken zeigen.

Links oben: Die goldenen Regeln des
Wildparks prangen auf rustikalem Holz.
Links unten: Ein Schläfchen
in der Mittagssonne
Rechts oben: Für ein Leckerchen
gibt Gonzo alles.
Rechts unten: Picknick am Wasser

MIT HUND IM HOTEL

Damit der Hund auch in einer fremden Umgebung zur Ruhe kommt und alle eine erholsame Nacht haben, ist es ratsam, ihn an ein Reisebett zu gewöhnen. Das kann ein tragbares Körbchen sein, meistens reicht aber auch eine Decke. Egal was er bevorzugt, wichtig ist, dass der Hund es bereits zu Hause kennenlernt. Für Wanderer, die als Gepäck nur einen Rucksack mitnehmen, reicht es oft, ihn an ein altes Handtuch zu gewöhnen. Hauptsache, es ist ein Stück Heimat in der neuen Umgebung und der Hund weiß, wo sein Platz ist.

Oben: Ein Borstenvieh freut sich über Futter aus Menschenhand.
Unten: Wildschweine brauchen Schlamm-kuhlen für die Körperpflege.

Zahlreiche Wasservögel bevölkern den Weiher im Park.

Einige Tiere erblicken wir beim Äsen an einem Hang, andere tummeln sich direkt am Zaun, in der Hoffnung, den Besuchern etwas Futter abluchsen zu können. Auch wir können nicht widerstehen und strecken ihnen unsere Hände entgegen. Das Futter wird dankbar angenommen und für Gonzo gibt es natürlich auch eine Kleinigkeit.

Auf zu den Wildschweinen, die Jäger wegen der dunklen Borsten auch **Schwarzwild** nennen. Zwei der großen Borstentiere entdecken wir direkt am Zaun, wo sie eng beieinander schlafen. Da stören wir besser nicht und ziehen weiter. Im Gehege sehen wir zahlreiche Schlammkuhlen, in denen sich die Tiere gerne suhlen, und das hat einen einfachen Grund. Der Schlamm verkrustet im Fell und schützt es so vor Insekten. Eine clevere Art der Körperpflege. Weil unsere mitgeführte Futtertüte fast leer ist, verteilen wir die letzten Brocken an zwei Wildschweine, die uns neugierig ihre Köpfe entgegenstrecken.

Der Rundgang ist fast beendet und Gonzo kann jetzt die letzten Meter durch den Wald laufen, ohne dass ihm ständig neue Duftnoten von Wild und Schwein in die Nase strömen. In **Lillys Kaffeestube** ergattern wir uns einen schönen Platz am Kamin und essen genüsslich den hausgemachten Käsekuchen, während Gonzo einen Belohnungskeks bekommt, weil er so ein toller Begleiter an diesem Tag im Wildpark war.

Oben: Auch eine kleine
Ziegenherde lebt im
Wildpark ...
Unten: ... von Gonzo neu-
gierig beobachtet.

SERVICE

Wildpark Schmidt
Wildparkstraße
52385 Nideggen
Tel. 02474-215
www.wildpark-schmidt.de
Öffnungszeiten: Nov.–März: 9.30–14 Uhr, Apr.–Okt.: 9.30–17 Uhr
Eintritt: Erw. 4,50 Euro, Kinder 2,50 Euro (Kinder unter 3 Jahren
Eintritt frei), Familienkarte (2 Erw. und 2–3 Kinder bis 14 Jahre):
12,50 Euro

ANFAHRT
Pkw (Navi): Wildparkstraße, Nideggen

ÖPNV
Keine direkte Anbindung mit öffentlichen Verkehrsmitteln

EINKEHREN
Lillys Kaffeestube
Auf dem Gelände des Wildparks. Wer nur das Café besuchen
möchte, zahlt keinen Eintritt für den Wildpark.
Öffnungszeiten: Di–Sa 9.30–17, So 9.30–17.30 Uhr.
Von Nov.–März nur am Wochenende geöffnet. In den Advents-
wochen, Heiligabend, 1. und 2. Weihnachtstag sowie Neujahr
geschlossen. An Sonn- und Feiertagen gibt es nach Voranmeldung
von 9.30–11 Uhr Frühstück.

ÜBERNACHTUNGSMÖGLICHKEITEN
Carat Hotel Resort Spa
Laufenstraße 82
52156 Monschau
Tel. 02472-860
Gegen einen Aufpreis von 10,- Euro pro Nacht
sind Hunde herzlich willkommen.
Die Hunde dürfen allerdings aus hygienischen Gründen
nicht mit in den Speisesaal (Restaurant Haus Wiesenthal).

Hunde sind willkommen im Wldpark.

Tour 3
Benny spielt Ball in Bonn

Ein Ausflug in die malerische Rhein-Sieg-Aue

In Bonn zwischen Rhein und Rheindeich bietet eine Hundefreilaufwiese viel Platz zum Toben. Dazu schippern Boote auf dem Fluss und eine Ein-Mann-Fähre transportiert Jung und Alt über die gezähmte Sieg. All dies findet man in den Rhein-Sieg-Auen, einem ganz besonderen Naturschutzgebiet.

Benny

Der quirlige Benny, ein Podenco-Mix-Rüde, fand schon als Welpe sein Heim bei Thorsten und Ron. Aus Gran Canaria stammend, wurde er über den Tierschutz nach Deutschland vermittelt. Eigentlich wollte man erstmal nur mit ihm Gassi gehen und reiflich überlegen. Immerhin ist so ein junger Wildfang eine zeitaufwendige Aufgabe und Benny konnte noch rein gar nichts. Außer natürlich süß gucken! Und damit hatte der pfiffige Kerl die beiden schnell um die Pfote gewickelt. Da sie in der Hundeerziehung erfahren sind, war die Entscheidung schnell getroffen, und seit zwei Jahren hält nun der junge Rüde seine Halter auf Trab. Er hört inzwischen prima, ist anhänglich und verträgt sich mit allen Hunden. Aber sein Temperament und die Abenteuerlust führten bereits zu aufregenden Situationen. So ist Benny schon über die Terrasse aufs Dach geklettert und wie im Comic wieder heruntergesegelt. Zum Glück ist nicht viel passiert. Schlimmer war der Zusammenprall mit einem Auto. Die darauffolgende Operation und die Gipspfote mit Körbchenzwang sind heute gottlob vergessen.

Heute möchte Thorsten mit seinem Hund Benny mal etwas Neues erkunden. Eine Wiese, auf der Benny so richtig Gas geben, leinenlos tollen und mit anderen Hunden wild spielen kann. Wir wählen die **Hundefreilaufwiese** in **Bonn-Schwarzrheindorf** (Stadtbezirk Beuel). Hier, auf einem circa 65 000 Quadratmeter großen Gelände mit Zugang zum Rhein, ist das alles möglich. Ursprünglich hatte es ein Bauer gepachtet, doch die unerlaubte Nutzung der Wiese durch viele Hundehalter und die damit verbundene eingeschränkte landwirtschaftliche Nutzung führte (verständlicherweise) zu Konflikten. Dank dem „Hundefreilauf e. V." ist das nun vorbei, denn dieser aus einer privaten Initiative entstandene

Verein pachtet inzwischen seit vielen Jahren das Areal direkt vom Landesbetrieb Holz und Wald. Einzig aus den Beiträgen der Vereinsmitglieder finanziert sich der Unterhalt der Wiese: Pachtzahlung, Mäharbeiten, Kottütenspender, Mülleimer und mehr. Tolle Leistung!

Leinenloser Spielspaß

Noch stehen wir auf dem Rheindeich, aber bald schon heißt es „Tschüss Leine!" Benny rennt pfeilschnell über die Wiese, genießt sein eigenes Tempo und sprintet wie ein Wirbelwind durch das Gras. Er tollt übermütig mit seinen Artgenossen herum, möchte aber auch immer wieder sein Bällchen holen und mit Thorsten spielen. Eine gute Gelegenheit, um die nötigen Gehorsamkeitsübungen intensiver zu trainieren. Jetzt geht es aber erstmal ab zum Wasser, denn die Wiese liegt direkt am Rheinufer. Gemütlich am Strand sitzend beobachten wir die Schiffe und kleinen Boote und genießen dazu die Aussicht auf die Bonner Skyline. Benny findet die ankommenden Wellen der großen Schiffe höchst interessant und pest wild bellend durch die Fluten, als könnte er eine Welle einfangen. Weiter ins Wasser traut er sich nicht. Das wäre auch zu gefährlich.

Die Hundefreilaufwiese in Bonn-Schwarzrheindorf

Zwischen Brücke und Gebirge

Weiter geht es in Richtung der **Friedrich-Ebert Brücke**. Blickt man von dort zurück, ist bei guten Sichtverhältnissen in der Ferne das Siebengebirge zu erspähen. Vor der Bergsilhouette liegt die markante **Doppelkirche Schwarzrheindorf**, in der zwei getrennte Kirchen in einem Gebäude untergebracht sind. Die Oberkirche ist der Gottesmutter und die Unterkirche dem heiligen Clemens geweiht. Besonders vielfältige Deckenmalereien zieren die denkmalgeschützte romanische Kirche.

Benny hat inzwischen Freunde gefunden. Und während er mit Hündin Lola Fangen spielt, erzählen uns ihre Halter, dass sie auf der Durchreise sind und hier auf der Wiese nur einen Stopp eingelegt haben. Ihrem Schützling scheint das zu gefallen.

Oben: Fang den Ball!
Unten: Mit Herrchen auf den Rhein schauen

Spielspaß nach Hundeart

Im Naturschutzgebiet

Hier an der Brücke endet die Hundefreilaufwiese und wir betreten das **Naturschutzgebiet Siegmündung**, wo selbstverständlich Leinenpflicht herrscht. Es erstreckt sich über rund 150 Hektar. Die Flussmündung zeigt eine naturnahe Überflutungsdynamik, und das obwohl die ursprüngliche Landschaft der Siegaue einst stark verändert wurde. Denn der Fluss sollte eine Schifffahrtsstraße werden und wurde deshalb in ein Korsett gezwängt, die Siegmündung wurde verlegt und ein Deich gebaut. Um Acker- und Weideland zu gewinnen, wurde der Auenwald gerodet und urbar gemacht. Zu Beginn der Achtzigerjahre begann jedoch ein Umdenken zugunsten der Erhaltung einer naturnahen Siegaue. Seit dieser Zeit und der Einführung von Schutz- und Pflegeprogrammen haben ursprüngliche Pflanzen wieder eine Chance, sich auszubreiten. Der Auenwald besteht aus Schwarzpappeln, Silberweiden sowie Korbweidenbüschen, und verschiedenartige Rohrglanzröhrichte säumen den Mündungsbereich am Rheinufer. Im Wasser wurden Fischbestände seltener, gefährdeter Arten nachgewiesen und sogar für den Lachs ist die Sieg inzwischen wieder Wanderungsgebiet. Ein bedeutendes Refugium ist das Naturschutzgebiet Siegaue auch für die zahlreichen Vogelarten, die hier brüten, rasten und überwintern.

An der Brücke halten wir uns halb rechts, gehen durch die Felder, biegen dann scharf rechts ab, und schon bald führt der Pfad am Siegufer entlang flussaufwärts. Zahlreiche gut ausgebaute, aber auch schmale Pfade führen durch das Auengebiet. Da die Landschaft übersichtlich flach ist und die Flüsse Rhein und Sieg der Orientierung dienen, ist es durchaus möglich, einfach drauflos zu wandern, ohne sich zu verlaufen. Die wunderbare Landschaft ist einen ausgedehnten Spaziergang wert.

Benny geht baden.

ACHTUNG – HUNDE HABEN KEINE SCHUHE!
Asphalt, Steine und Sand, ganz besonders wenn sie dunkel sind, können sich in der heißen Sommersonne gefährlich aufheizen. Und unsere Hunde haben keine Schuhe. Für sie kann ein Spaziergang auf diesem Untergrund sprichwörtlich ein „Gang auf heißen Kohlen" sein. Trotz ihrer ledrigen Ballen unter den Pfoten können sie schmerzhafte Brandverletzungen bekommen. Daher ist es ratsam, im Hochsommer schattige Pfade und möglichst kühle Waldwege für den Gassigang zu wählen.

Die unbemannte Gierfähre

Deutschlands einzige Ein-Mann-Gierfähre

Bald erreichen wir den flachen Uferbereich an der **Sieg-fähre**. An heißen Sommertagen ein beliebter Ort, um im seichten Wasser zu planschen und am kiesbedeckten Ufer ein Sonnenbad zu nehmen. Benny schleckt erst einmal eine große Portion Wasser aus der Sieg. Wir haben auch Durst, und die einladend aussehende Gaststätte „Zur Siegfähre" scheint zum Greifen nahe. Doch zuerst muss der Fluss überquert werden. Der Fährmann auf Deutschlands einziger Ein-Mann-Gierfähre hilft uns aus der Not. Feste Abfahrtszeiten gibt es nicht! Einfach rufen oder die Messingglocke läuten, und die Fähre setzt sich in Bewegung, um große und kleine Fußgänger, Hunde und Fahr-räder über das Wasser zu bringen. Und das zu moderaten Preisen. Drei bis vier Minuten dauert die Überfahrt. Das hängt ganz von der Strömung ab, denn sie ist der Antrieb der Gierfähre. Bei diesem Fährsystem wird ein Seil über den Fluss gespannt: das Scharseil. Daran hängt das Boot, an dem wiederum das Gierseil befestigt ist. Je nach-dem, wie das Ruder steht, wird die Fähre von einem Sieg-ufer zum anderen getrieben. Simpel und raffiniert! Nur in seltenen Fällen, bei sehr schwacher Strömung, muss der Fährmann staken. Seit der Regulierung der Sieg im Jahr 1777 befindet sich die Fährstelle an diesem Ort. Viele Jahre wurde hier im Zweischichtbetrieb von 5.30 bis 22.30 Uhr gearbeitet, um die Pendler vom einen zum an-deren Ufer zu bringen. Nachdem 1976 die Straßenbrücke über die Sieg gebaut worden war, drohte der Fähre zwar

Montags ist kein Fährbetrieb.

nicht das Ende, aber sie wurde zu einer reinen Touristen- attraktion, die wir heute genießen, um trockenen Fußes die **Gaststätte „Zur Sieg- fähre"** zu erreichen. Nach dem Imbiss geht es wieder zurück und Benny darf noch einmal über die Hundefreilaufwiese rennen. Aber es ist nicht zu übersehen, dass er deutlich ruhiger geworden ist. Ein so langer Ausflug mit viel Bewe- gung und unterschiedlichsten Eindrücken ermüdet sogar einen so energiegeladenen Hund wie Benny.

SERVICE

Hundefreilaufwiese Bonn-Schwarzrheindorf
an der Rhein-Sieg-Aue in Bonn-Beuel
Gensemer Straße 80−85
53225 Bonn
www.hundefreilauf-bonn.info

ANFAHRT
Pkw (Navi): Gensemer Straße 80−85, 53225 Bonn
Parkplatz am Klärwerk

ÖPNV
Von Hbf. Bonn mit der Buslinie 640 in Richtung Siegburg Bf.
oder der Linie 550 in Richtung Wahn S-Bahn bis zur Haltestelle
„Schwarzrheindorf Kirche". Zu Fuß weiter in Richtung Rhein, auf
dem Rheindeich rechts halten. In Höhe des Klärwerks liegt links
die Hundefreilaufwiese.

SIEGFÄHRE
Fährbetrieb in der Regel von Ostern bis 3. Okt. Di–So 9 Uhr
bis Einbruch der Dunkelheit.
Moderate Preise: Erw. 50 Cent, Kinder 30 Cent, Hunde gratis,
Fahrräder 50 Cent

EINKEHREN
Zur Siegfähre
Restaurant mit Biergarten
Zur Siegfähre 7
53844 Troisdorf
Tel. 0228-47 55 47
www.siegfaehre.de
Öffnungszeiten: Di–Sa 9.30–23 Uhr, So 9–23 Uhr
Das Restaurant macht eine Winterpause, die Daten sind der
Internetseite zu entnehmen.

Prima gehört, Benny!

Tour 4
Schnüffelnasen aufgepasst!

Mojo beim „Geodogging-Schnupperkurs" im Siegerland

Geodogging – das ist Geocaching für den Hund. Hier sind Mensch und Hund als Team gefordert, um ein gemeinsames Ziel zu erreichen. Wie das geht? Das Hundezentrum im Siegerland informiert und vermittelt beiden, worauf es ankommt: viel Arbeit und noch mehr Spaß!

Kirsten Schönenborn

Mojo

Mojo ist ein etwa sechs-
jähriger kleiner Poden-
co-Mix-Rüde aus Spa-
nien. Er hatte großes
Glück! Beim Aufsammeln
der Streuner werden dort
Welpen und sehr junge
Hunde zur Vermittlung aus-
sortiert, während die anderen
in die Tötungsstation kommen.
Durch seine geringe Größe konnte
er sich irgendwie unter die Welpen und
Junghunde mogeln und wurde erfolgreich vermittelt. Ja,
der kleine Kerl hat es faustdick hinter seinen großen
Ohren. Seine Rasse wurde zur Hasenjagd gezüchtet, und
auch Mojo rast hasengleich über die Felder. 2012 über-
nahm ihn Claudia. Mit ihr und dem großen zehnjährigen
Rüden Bruno genießt er jetzt sein Leben. Inzwischen
ist der behäbige Bruno, dem ein Auge fehlt, Mojos
bester Freund!

A uf der Lipper Höhe im Siegerland liegt eine Hundeschule der ganz besonderen Art. Das 70 000
Quadratmeter große ehemalige Militärgelände
bot beste Voraussetzungen, um hier ein Hundezentrum
zu gründen. Die Fläche, bestehend aus Wiesen, Wald,
Wildnis und einem idyllischen Teich, ist sicher einge-
zäunt, sodass jagdtriebige, (noch) unerzogene Hunde
nicht ausbüxen können. Nach und nach wurden die
Gebäude renoviert und mit unterschiedlich großen
Seminarräumen und einer Cafeteria ausgestattet. Hinzu
kommen einfache Übernachtungsmöglichkeiten für von
weit her angereiste Teilnehmer. Ergänzt wird das Areal durch eine wetterfeste Halle, sodass auch bei Regen
und während der kalten siegerländer Winter alle Kurse
stattfinden können. Geniale Möglichkeiten für das **Hundezentrum Siegerland**, in dem Trainerin Uschi Loth und ihr
Team Hundeausbildungen unterschiedlichster Art anbieten. Neben den allseits bekannten Sozialisationskur-

sen für Welpen, Junghunde und Ausgewachsene, also dem „Hunde-ABC" für ein geordnetes Miteinander zwischen Halter und Hund, werden auch zusätzliche Aktivitäten angeboten. Sogar ein Schwimmtraining, liebevoll „Seehündchenkurs" genannt. Dabei hat Uschi vor ihrer Berufung zur Hundetrainerin ein ganz anderes Leben geführt. 25 Jahre lang unterrichtete sie Gymnasialschüler in Biologie und Chemie. Die Lehrtätigkeit ist zwar geblieben, aber Fächer und Schüler sind ausgetauscht. Als Lizenztrainerin für die Zielobjektsuche (ZOS®) lebt Uschi für ihre Leidenschaft, die Nasenarbeit der Hunde, die etwa für die Ausbildung zum Diabetikerwarnhund besonders wichtig ist. Nicht lebenswichtig, aber sehr spaßig und förderlich für die Beziehung zwischen Mensch und Hund ist das **Geodogging**. Hierbei handelt es sich um das bekannte Geocaching, die Schatzsuche mithilfe von GPS-Daten, mit einer zusätzlichen Schnüffelaufgabe für den Hund. Wie das geht, erkunden wir heute mit Mojo, seinem besten Kumpel, dem einäugigen Bruno und deren Frauchen Claudia.

Spannung bei Hunden und Frauchen, gleich geht`s los!

Vorzeigehündin Franzy

Nach einer kurzen theoretischen Einführung geht es auf die Wiese, um erstmal Uschis Hündin Franzy bei der Arbeit zuzusehen. Die Hundedame ist in der Zielobjektsuche perfekt ausgebildet und riecht den zu suchenden Duft schon auf viele Meter Entfernung. Die **Duftölmischung** wurde hier im Zentrum für empfindliche Hundenasen in mühevoller Kleinarbeit entwickelt, aber natürlich steht es jedem frei, den richtigen Duft für seinen Hund zu suchen. Zuerst träufelt Uschi einige Öltropfen auf einen Käfer aus Filz. Das Material nimmt den Duft gut an und speichert ihn zudem über einen längeren Zeitraum. Dann läuft sie im Zickzack über das Feld, versteckt sich immer wieder zum Schein und lässt den Filzkäfer, den sogenannten Cache, irgendwo ins Gras fallen. Ein Täuschungsmanöver, damit der Hund nicht geradewegs auf die Stelle zuläuft. Hunde sind ja nicht blöd und schon gar nicht die perfekt ausgebildete Hündin Franzy. Nun folgt das Kommando zur Suche: **„Franzy, Cache!"** Und los geht's. Schwanzwedelnd, mit der Nase im Wind nimmt Franzy Witterung auf und stöbert über die Wiese. Der Duft liegt unmittelbar

Franzy wartet geduldig auf ihren Einsatz.

Oben: Der Cache wird versteckt.
Unten: Zur Belohnung
ein Leckerchen

über der Grasnarbe. Man spürt förmlich die Anspannung der Hündin. Schon hat sie den Cache gefunden. Das meldet sie durch eine passive Anzeige: indem sie sich flach vor dem Ziel hinlegt und damit signalisiert, dass sie fündig geworden ist. Wir sind von ihren Fähigkeiten sehr beeindruckt und Franzy nimmt freudig das Belohnungsleckerchen entgegen.

Jetzt kommt Mojo an die Reihe, während Kumpel Bruno vorerst nur zusehen darf. Die Konditionierung eines Hundes auf das Duftöl dauert je nach Begabung und Arbeitswillen viele Wochen. Aber wir schauen mal, was Mojo schon in der Schnupperstunde lernt und wie das Training abläuft.

Es darf geschnüffelt werden.

Duftöl, Filz, Clicker und viel Geduld

Ein kleiner Tropfen Duftöl wird auf den Filz aufgetragen. Die Trainerin verbirgt etwas Futter und ihren Clicker in der einen Hand und in der anderen den Filzcache. Der Hund wird angelockt. Mojo schnuppert neugierig herum, und sobald er das Filzstück entdeckt hat, clickert Trainerin Uschi, holt die Futterhand hervor und Mojo bekommt sein Belohnungsleckerchen. Dass Mojo den Cache gefunden hat, ist in diesem Moment noch reiner Zufall. Der Vorgang wird so lange wiederholt, bis der Hund die Verknüpfung zwischen dem duftendem Filz, dem Clickergeräusch und der damit verbundenen Belohnung versteht. Damit ist die Basis für ein erfolgreiches Geodogging gelegt und es muss nur noch eifrig geübt werden.

Wenn die erste Phase sicher verinnerlicht ist, kann man einen Schritt weitergehen und den Filzcache weiter weglegen, immer an einen anderen Ort. Der Hund wird anfangen, nach dem tollen Geruch zu suchen, der zu den Leckerchen führt. Als Nächstes wird der Filz in ein Röhrchen gesteckt und die Distanz erneut verlängert, bevor man in freier Natur weiterüben kann. Der Schwierigkeitsgrad draußen ist durch die vielen Ablenkungen deutlich größer. Ablenkungen können andere Hunde, Mäuse unter der Erde, fremde Geräusche oder auch nur eine kleine Fliege sein. Geodogging ist nicht nur ein Geruchs-, sondern auch ein Konditionstraining, denn der Hund muss nicht nur die Duftnote speichern, sondern auch die nötige Kondition entwickeln, um sich längere Zeit darauf konzentrieren zu können. Das ist gar nicht so leicht! Daher braucht er immer wieder Pausen und Zeit zur Verinnerlichung. Es bedarf intensiven Trainings über viele Wochen, bis der Hund so weit ist, dass er dafür sogar eine Fleischwurst links liegen lässt. Dann läuft er auch in der Natur mit all ihren Ablenkungen begeistert schnüffelnd und zielsicher zum Cache. Macht riesig Spaß!

Links: Die nötigen Hilfsmittel
Rechts: Mojo ist neugierig.

Dem Duft auf der Spur

Reines Vergnügen oder auch erzieherisch sinnvoll?

Was für uns so spielerisch aussieht, ist für den Hund anstrengende Arbeit. Was aber nicht heißen soll, dass er keine Lust dazu hat. Im Gegenteil – gerade intelligente Hunde brauchen Aufgaben dieser Art. Nur stupides Gassi gehen reicht ihnen nicht, sie wollen auch im Kopf gefordert werden. Bei Hunden, die gern ihren eigenen Weg gehen oder jagen, fördert dieser Sport die Bindung zu ihren Haltern. Soweit ist Mojo noch lange nicht, aber die ersten Impulse sind gesetzt. Voraussetzungen für gute Geodogger sind eine intakte Nase und Arbeitswille. Verfressene Hunde lassen sich besonders gut trainieren, denn kein Hund arbeitet umsonst, sondern nur gegen eine Belohnung, die meistens aus Futter besteht. Richtige ZOS®, also Zielobjekt-Suchhunde, die an Wettkämpfen teilnehmen, bekommen viel Futter als Lohn für gefundene Objekte. Das heißt, sie müssen dafür arbeiten. Das hört sich für uns Menschen hart an. Für den Hund aber ist es Spannung, Spaß und ein Verhalten, das dem seines Urvaters Wolf sehr nahe kommt und ihm deshalb viel Lebensqualität bietet.

Schatzsuche für Mensch und Hund

Ist der Hund auf den Duft konditioniert – davon sind Mojo und Bruno noch viele Trainingsstunden entfernt –, kann die gemeinsame Cachesuche starten. Dazu wandern Mensch und Hund gemeinsam nach GPS-Daten bis zu einem Ziel. Auf das erlernte Kommando hin müssen sich die Menschen im Team auf den Hund verlassen, denn er erschnüffelt die restlichen Meter zum Hauptziel. Den Cache müssen sich Hunde-Geocacher gegenseitig verstecken. Eine tolle Idee, um eine Geocaching-Tour zu bereichern.

Nach so viel Kopfarbeit ist Mojo sichtlich erschöpft und muss sich erst einmal ausruhen. Claudia nimmt für das Training zu Hause den ausgeklügelten Duft mit. Aber es ist natürlich auch möglich, den Duft eines anderen Anbieters zu nehmen. Wichtig ist dabei, dass der Hund den Duft erkennt und der Geruch in der Natur nicht zu schnell seine Duftfahne verliert. Erfolgreiche Schatzsuche!

Mojo, der pfiffige kleine Spanier

ZIELOBJEKTSUCHE (ZOS®) – FÄHRTENSUCHE, WO IST ER UNTERSCHIED?

Bei einer Zielobjektsuche hat der Hund einen Duft kennengelernt und weiß auf Kommando, was er suchen soll. Daher ist seine Nase bei der Suche erhoben, denn er riecht seinen Duft vorerst noch nicht, sondern sucht oberhalb der Grasnarbe danach. Ausgebildete Fährtenhunde dagegen beschnuppern am Ausgangspunkt einen Duft und bekommen das Kommando, dieser Duftspur bis zum Ziel zu folgen. Daher ist ihre Nase immer am Boden.

MEIN TIPP

Im Rahmen eines Beitrags für unsere Sendung „Tiere suchen ein Zuhause" durfte ich vor ein paar Jahren mit meiner spanischen Jagdhundmix-Hündin Schnucke genau diesen „Schnupperkurs" besuchen. Nachdem wir durch Uschi angeleitet worden waren, war es für mich unwahrscheinlich beeindruckend zu sehen, wie schnell und mit wie viel Freude Schnucke bei der Sache war. Auch privat hatte ich ihr immer mal wieder Aufgaben für ihre Spürnase gegeben. Aber hier war sie wirklich in ihrem Element! Wichtig ist jedoch, von eurem Hund nicht zu viel in zu wenig Zeit zu verlangen. Denn die Nasenarbeit ist für den Hund unwahrscheinlich anstrengend! Menschlicher Ehrgeiz ist hier fehl am Platz. Ich bin damals mit Schnucke nach dem Training einfach noch ganz locker über das eingezäunte Gelände geschlendert, bis wir uns auf die Heimfahrt machten. Noch bevor wir die A 4 erreichten, war Schnucke – ausgelastet und zufrieden – schon im Land der Träume.

SERVICE

Hundezentrum Siegerland
Zollhaus 2
57299 Burbach
Tel. 02736-10 90
www.teamwaerts.com

ANFAHRT
Pkw (Navi): Zollhaus 2, 57299 Burbach

ÖPNV
ZWS (Zweckverband Personennahverkehr Westfalen-Süd)
Die Regionalbahn 96 (HellertalBahn) Dillenburg–Betzdorf nehmen,
bis Haltestelle „Burbach", ab hier mit der Buslinie L222 in Richtung
Lippe bis Haltestelle „Siegerlandkaserne"

EINKEHR UND ÜBERNACHTUNG
Für Kursbesucher gibt es vor Ort eine Cafeteria und einfache
Übernachtungsmöglichkeiten sowie einen gut sortierten Shop,
wo auch das ausgetüftelte Duftöl zu erwerben ist.

Links: Nach getaner Arbeit
Rechts: Bruno ist Mojos bester Freund.

Tour 5
Freilaufwiesen-Hopping

Miss Ellie und Beny erkunden den Kölner Grüngürtel

Zahlreiche Wandermöglichkeiten bietet der Kölner Grüngürtel, das Gebiet der einstigen Festungsanlage rund um die Stadt. Viele Hundefreilaufwiesen laden zum Spielen, Rumtollen und Kontaktknüpfen ein, und ein See erinnert an einen vorausschauenden Bürgermeister. All das findet man gleich vor den Toren der Millionenmetropole am Rhein.

Kirsten Schönenborn

Als Sechsjährige wurde Miss Ellie aus Rumänien nach Deutschland vermittelt. Sie landete in Astrids Familie und entpuppte sich sehr schnell als liebevolle und umgängliche Hündin. Nur eine kleine Meise hat die notorische Frühaufsteherin, nämlich einen Kontrollzwang. So überwacht sie, ob Frauchen auch im Bett liegt, indem sie einfach an der Bettdecke zieht. Vier Monate später zog Zwergschnauzer Beny, sechs Jahre, aus Tschechien ein. Ellie machte anfangs Schwierigkeiten und reagierte eifersüchtig auf den kleinen Hund. Das zeigte sie aber nicht durch aggressive Attacken. Ganz im Gegenteil, denn sie zog sich zurück und wollte kaum noch fressen. Mit viel Geduld und Zuneigung für beide Hunde ist eine Annäherung gelungen und heute verstehen sich Ellie und Beny richtig gut. Beny ist aber auch ein liebenswert neugieriger Kerl, der allen gefallen möchte. Beide Hunde sind gesellschaftsfähig und wollen am liebsten überall mit dabei sein.

Ein Lob gebührt Konrad Adenauer, denn ihm hat die Stadt Köln ihre „Grüne Lunge", den Grüngürtel, zu verdanken. Nach Ende des Ersten Weltkriegs sollten die geschleiften Festungsanlagen dem Willen der englischen Besatzer zufolge ein Ödland bleiben. Doch der damalige Kölner Oberbürgermeister Adenauer erreichte, dass Teile der Befestigungen erhalten blieben und das Terrain zur Grünanlage wurde. Heute ist es das Naherholungsgebiet der Kölner, aber auch beliebter Anziehungspunkt für Menschen entfernter Regionen. Zahlreiche Jogger, Walker und Radfahrer spurten über die Wege, während einige ältere Menschen entspannt auf den Bänken beim Plausch sitzen. Ein 64 Kilometer langer Rundweg namens **„Mein Grüngürtel-Rundweg"** wurde 2015 markiert, und vereinzelt wird auf den Seen Wassersport betrieben.

Hundefreilaufwiese Nummer 21

Astrid will heute mit ihren Hunden Miss Ellie und Beny sowie ihrer Schwester Kirsten mit dem Labrador Watson einen ausgiebigen Ausflug durch den Grüngürtel starten. In der weitläufigen Parkanlage gibt es mehrere Hundefreilaufwiesen. Zwei stehen zur allgemeinen Hundefreude für heute auf dem Programm. Wir parken an der Bachemer Landstraße, schnüren noch schnell die Schuhe fest, leinen die Hunde an und schon geht es los. Nach einem kurzen Stück entlang der Straße in stadtauswärtiger Richtung biegt links ein Fußweg ab: laut für Radfahrer gedachter Beschilderung Richtung „Rheinufer, Rodenkirchen, Geißbockheim". Auf der rechten Seite liegt hinter einem Waldstück unsere erste Hundewiese mit der Nummer 21. Sie ist nur mit einem einzigen Schild markiert, das aus unserer Richtung gesehen ganz am Ende der Wiese steht. Hier können die drei Hunde sich austoben und Dampf ablassen. Da die beiden Schnauzer und ihr Labradorfreund sich gut kennen, entfällt das übliche Beschnuppern wie bei einander fremden Hunden. Das Spiel kann direkt beginnen und die Schwestern Astrid und Kirsten werfen die Bällchen und Futterbeutel über das Grün.

Spielspaß ohne Leine

Am See

Doch nun auf zu einem Spaziergang unter herbstlich bunten Bäumen. Der Decksteiner Weiher liegt in Sichtweite und ist zu allen Jahreszeiten ein wunderbares Ausflugsziel. Die breite Kastanienallee leuchtet farbenfroh in der Herbstsonne und von einer der zahlreichen Bänke beobachten wir das muntere Treiben der Wasservögel. Ellie, Beny und Watson schauen ebenfalls sehr interessiert. Offenbar würden sie liebend gern näher zu den Enten und Gänsen. Doch die Schwestern haben die drei fest an der Leine.

Romantische Herbststimmung am See

Der **Decksteiner Weiher** wurde in den 30er-Jahren zur Zeit der Grüngürtelgestaltung angelegt und besteht aus zwei künstlichen Seen, die durch einen breiten Kanal verbunden sind. Knapp sechs Kilometer misst der komplette Rundweg um den Weiher. Wir kürzen ab und nehmen die erste Brücke (Gleueler Straße) über den See. Dann kurz geradeaus, und vor der Waldfläche links stoßen wir auf das **Fort VI**, Teil einer ansehnlichen alten Festung. Ein langgestrecktes Gebäude und seitliche Wallanlagen sind noch erhalten. Nebenan liegt mit verwunschenem Flair und romantischen Nischen der **Felsengarten**. Er wurde in die Trümmer der Festungsanlage gebaut, indem Gräben gefüllt und mit Bäumen und Stauden bepflanzt wurden. Jahrelang in Vergessenheit geraten, wurde die Anlage 2001 von der Stadt saniert. Eine schöne Abwechslung nach der weitläufigen Runde um den See. Etwa 800 Meter weiter und direkt am Weiher gelegen befindet sich das **Restaurant „Haus am See"** mit einer wunderbaren Terrasse gleich am Wasser, Bootsverleih und Minigolf.

Hundefreilauf und wilde Pferde

Wir wollen aber zuerst zur nächsten Hundefreilaufwiese wandern. Dazu überqueren wir die Bachemer Landstraße und laufen weiter geradeaus auf dem schmalen Pfad unter den Buchen entlang. Der Weg schlängelt sich nach rechts, und kurz danach müssen wir am Bahnübergang nach links die Gleise kreuzen. Wir erreichen die Dürener Straße, und nachdem wir auch diese überquert haben, ist schon die Infotafel **„Hundewiese 23, Stadtwald Lindenthal"** zu sehen. Auf dem riesigen Areal tummeln sich Hunde aller Rassen und Größen und jeden Alters mit ihren Besitzern. Voraussetzung für ausgelassene Spielfreude im großen Rudel ist aber die soziale Verträglichkeit der Hunde.

Links: Typischer Weiherbewohner
Rechts: Die alte Festung Fort VI

VERPFLEGUNG UNTERWEGS

Bei Tageswanderungen packen wir Menschen gerne üppigen Proviant in den Rucksack und der Hund darf dabei nicht vergessen werden. Leckerlis zur Belohnung sollen natürlich nicht fehlen, aber wirklich wichtig ist es, genügend kohlensäurefreies Wasser mitzuführen. Vor allem dann, wenn der Ausflug oder die Wanderung in einem Gebiet ohne Fluss, See und Bach verläuft, zum Beispiel in Weinbergen, oder, wie in diesem Buch beschrieben, auf das Dach einer Halde führt (siehe Tour 12). Im Fachhandel gibt es praktische Kunststoffflaschen mit eingebautem Napf, aber es lässt sich natürlich auch anders regeln.

Kastanienallee am Decksteiner Weiher

An einer Wiesenkreuzung stehen zehn besonders schöne Bäume zu einem Rondell angeordnet. Auch hier finden wir einladende Parkbänke. Etwa im rechten Winkel zum Weg, den wir gekommen sind, geht es links einen sanften Hügel bergauf. Dann laufen wir über einen breiten Asphaltweg und geradeaus zum Adenauerweiher. Diesen schönen See hat sich der pfiffige Kölner redlich verdient. Gut zu sehen ist von hier aus das RheinEnergieStadion, die Heimspielstätte des 1. FC Köln. Gegenüber, direkt am Weiher, liegt der **Club Astoria**, auf dessen Terrasse wir einen Kaffee trinken. Die Hunde sind zufrieden mit dem Seewasser. Nach fast einer ganzen Seeumrundung folgen wir der Beschilderung „Decksteiner Weiher" und befinden uns somit auf dem Weg zum Ausgangspunkt. Wieder überqueren wir die Dürener Straße und die Umgebung wird offener, fast ländlich, sieht man von dem riesigen RWE-Gebäude ab. Einziger Wermutstropfen ist je nach Witterung die Geräuschkulisse der großen Straßen. Aber wir befinden uns nun mal auf Großstadtgebiet. Rechts, in einiger Entfernung liegt der **Stüttgenhof**, ein ehemaliger Gutshof. In alten Urkunden heißt der Hof „zum stüttgen", das bedeutet Pferdepferch. Demnach muss sich hier früher so etwas wie ein Gestüt befunden haben. Das ist durchaus möglich, denn bis zum Ausgang des Mittelalters gab es im Linksrheinischen Herden wilder und halbwilder Pferde.

Vollgepumpt mit frischer Luft aus Kölns „Grüner Lunge" erreichen wir den Ausgangspunkt mit dem Vorsatz, bald einen weiteren Abschnitt des Grüngürtels zu erkunden. An lauffreudigen Hunden zur Begleitung wird es nicht mangeln.

Es gibt reichlich zu trinken.

Junkersdorf

Club Astoria

Adenauerweiher

Hundewiese 23

L34

B264

Stüttgerhof

Frechener Bach

S P

Haus am See

Hundewiese 21

Sülz

Felsengarten

Fort VI

4

L34

Decksteiner Weiher

0   500
                    m

An einer Wiesenkreuzung stehen zehn besonders schöne Bäume zu einem Rondell angeordnet. Auch hier finden wir einladende Parkbänke. Etwa im rechten Winkel zum Weg, den wir gekommen sind, geht es links einen sanften Hügel bergauf. Dann laufen wir über einen breiten Asphaltweg und geradeaus zum Adenauerweiher. Diesen schönen See hat sich der pfiffige Kölner redlich verdient. Gut zu sehen ist von hier aus das RheinEnergieStadion, die Heimspielstätte des 1. FC Köln. Gegenüber, direkt am Weiher, liegt der **Club Astoria**, auf dessen Terrasse wir einen Kaffee trinken. Die Hunde sind zufrieden mit dem Seewasser. Nach fast einer ganzen Seeumrundung folgen wir der Beschilderung „Decksteiner Weiher" und befinden uns somit auf dem Weg zum Ausgangspunkt. Wieder überqueren wir die Dürener Straße und die Umgebung wird offener, fast ländlich, sieht man von dem riesigen RWE-Gebäude ab. Einziger Wermutstropfen ist je nach Witterung die Geräuschkulisse der großen Straßen. Aber wir befinden uns nun mal auf Großstadtgebiet. Rechts, in einiger Entfernung liegt der **Stüttgenhof**, ein ehemaliger Gutshof. In alten Urkunden heißt der Hof „zum stüttgen", das bedeutet Pferdepferch. Demnach muss sich hier früher so etwas wie ein Gestüt befunden haben. Das ist durchaus möglich, denn bis zum Ausgang des Mittelalters gab es im Linksrheinischen Herden wilder und halbwilder Pferde.

Vollgepumpt mit frischer Luft aus Kölns „Grüner Lunge" erreichen wir den Ausgangspunkt mit dem Vorsatz, bald einen weiteren Abschnitt des Grüngürtels zu erkunden. An lauffreudigen Hunden zur Begleitung wird es nicht mangeln.

Es gibt reichlich zu trinken.

SERVICE

WANDERN
Grüngürtel Köln
Start: Bachemer Landstraße 420, 50935 Köln
Länge: 5,5 Kilometer

ANFAHRT
Pkw (Navi): Bachemer Landstraße 420, 50935 Köln

ÖPNV
Vom Hbf. Köln mit der KVB-Linie 16 oder 18 zum Neumarkt.
Umsteigen in die Linie 7 in Richtung Frechen bis zur Haltestelle
„Stüttgenweg" oder „Brahmsstraße". Von dort Fußweg zur
Bachemer Landstraße.

EINKEHREN
Haus am See
Bachemer Landstraße 420
50935 Köln
Tel. 0221-430 92 60
www.hausamseekoeln.de
Öffnungszeiten: Mo–So 10–23 Uhr

Club Astoria
Guts-Muths-Weg 3
50933 Köln
www.club-astoria.eu
Öffnungszeiten: tägl. 12–23 Uhr.
Kleine Karte, Kaffee und Kuchen: tägl. 14.30–17 Uhr,
So ab 10.30 Uhr Brunch

Links: Spaziergang durch den Felsengarten
Rechts: Am Haus am See

Tour 6

Ein Spaziergang für die Seele

Mit Bina zum Kloster Knechtsteden

Ein Ort der Stille und der Meditation ist die Klosteranlage Knechtsteden mit dem umliegenden Naturschutzgebiet Knechtstedener Busch. Vor allem unter der Woche verirren sich nicht so viele Besucher hierher – ideal für einen Spaziergang zum Entspannen und Energietanken. Trotz des ruhigen Anscheins gibt es hier für Hunde einiges zu entdecken: den Klosterhund Nick und schöne breite Waldwege zum Laufen, Schnuppern und Artgenossen treffen.

Kerstin Goldbach

Bina

Die neunjährige Bina ist ein Beagle-Australi-an-Shepherd-Mischling. Ein Unfall, denn eigentlich sollte sie ein reinrassiger Beagle werden. Doch Binas Mutter hat die Pläne ihres Besitzers einfach durchkreuzt. Seit sie zehn Wochen alt ist, lebt Bina bei Helga und Gert. Sie ist eine freundliche, lebhafte und intelligente Hundedame, die es liebt, mit Helga Kunststücke einzustudieren. Aber nur, wenn sie Lust dazu hat, denn ein bisschen Eigensinn muss schließlich sein. Zweimal in der Woche ist Bina außerdem als Therapiehund in einem Seniorenheim aktiv. Eine Aufgabe, die gut zu ihrem aufgeweckten, geselligen Wesen passt. Und die Bewohner danken es ihr mit vielen Streicheleinheiten.

Etwas erhöht in einer alten Rheinschlinge liegt das Kloster inmitten eines Waldgebiets, das Helga und Gert mit ihrer Bina besuchen möchten.

Die Anlage des Klosters geht auf einen Fronhof aus dem frühen 12. Jahrhundert zurück, der dem Orden der Prämonstratenser gehörte. Die Klosterkirche, eine dreischiffige Gewölbebasilika, wurde in den Jahren 1138 bis 1182 gebaut. Mehrfach wurde die Anlage zerstört, und Anfang des 18. Jahrhunderts umfangreich erweitert. Damals entstand auch das barocke Torhaus. Die Zeit der Prämonstratenser endete mit der Beschlagnahme des Klosters durch die Truppen Napoleons 1802. Danach sollte das Kloster als Nervenheilanstalt dienen, fiel 1869 einem Brand zum Opfer und gelangte schließlich 1896 in den Besitz der Spiritaner, die es bis heute bewohnen. Knechtsteden ist der deutsche Hauptsitz des 1703 gegründeten Männerordens, der hier ein **Missionshaus** gründete und Mönche für ihren Dienst in aller Welt ausbildete. Heute leben hier nur noch rund 24 Ordensbrüder.

Über eine Allee mit Kopfsteinpflaster nähern wir uns der Anlage und schreiten schon bald durch das Torhaus. Die Klosterkirche, die **Basilika St. Andreas**, baut sich nun gewaltig vor uns auf. Durch einen kleinen Durchgang in der Mauer gelangen wir in den inneren Klosterbereich. Hunde müssen auf dem Gelände angeleint sein, auch wenn vor der Kirche eine Rasenfläche zum Herumlaufen einlädt. Aber dieses Privileg genießt nur der Hausherr, Nick, der kleine Klosterhund – ein munteres Kerlchen – das der Knechtstedener Pater Reetz aus einem spanischen Tierheim bekam und das Besucher gerne beschnuppert und liebevoll begrüßt. Schön, wenn die selbst einen Hund mitbringen! Und so wird auch Bina von Nick freudig willkommen geheißen.

Die Klosterkirche St. Andreas beherbergt bedeutende Kunstschätze.

Ein Blickfang – die Klosterkirche

Vor der Kirche, im Hof der Klosteranlage, herrscht sogar an Sonntagen, wenn sich hier zahlreiche Besucher tummeln, große Ruhe. Bänke unter schattenspendenden Bäumen verleiten dazu, sich einfach eine Weile niederzulassen. Doch für eine Pause ist es noch zu früh, und auch den Besuch des Kircheninneren sparen wir uns für später auf, denn Bina verlangt erst einmal nach einem Spaziergang. Los geht's, am ehrwürdigen Kirchenportal vorbei, über den Hof.

Das Kloster beherbergt heute verschiedene Einrichtungen, unter anderem ein Fortbildungszentrum, das Norbert-Gymnasium, die Biologische Station, einen Waldkindergarten und den Kunstverein Galerie-Werkstatt Bayer Dormagen e. V.

Schön ist der **Klosterladen**, der sich links gegenüber dem Missionshaus befindet. Hier gibt's hausgemachte Leckereien aus der Region: Honig, Produkte aus fairem Handel und vieles mehr. Und Hunde dürfen mit hinein!

Vom Klosterladen gehen wir nun über den Brüderhof, wo sich der alte Handwerkertrakt des Klosters befindet, durch einen Durchlass zum Kulturhof, auf dem verschiedene Veranstaltungen und Märkte stattfinden.

Bina wittert schon Waldluft, denn rechts vom Kulturhof führt ein Weg hinaus in die Natur. Eine **Obstwiese** mit Schafen erscheint wie eine perfekte ländliche Idylle. Die Tiere gehören der Rasse der „Weißen gehörnten Heidschnucke" an, eine vom Aussterben bedrohte Nutztierrasse, um deren Erhalt sich die Biologische Station kümmert. Hunde sollen die Schafe nicht aufschrecken, deshalb ist hier die Achtsamkeit des Hundehalters gefragt. Bina aber interessiert sich überhaupt nicht für die Tiere und läuft geradewegs dem Wald entgegen. Nach der Obstwiese links, und schon sind wir auf einem breiten Weg, der direkt hineinführt.

Links: Zärtlicher Moment an der Kirchentür
Rechts: Bescheiden und klein wirken Mensch und Hund vor dem imposanten Bauwerk.

Auf dem Obstweg zu Besuch bei den Fledermäusen

Der **Knechtstedener Busch** ist ein großes zusammenhängendes, weitgehend naturnahes Laubmischwaldgebiet, das auch wegen seines Tierartenreichtums unter Naturschutz gestellt wurde. Hunde müssen deshalb angeleint werden. Zahlreiche Wege führen hindurch. Schön ist die 4,7 Kilometer lange kleine Runde des Obstwegs, die sich als Gassi-Spaziergang wunderbar mit einem Besuch des Klosters kombinieren lässt.

Am Bildstock, auf den wir geradewegs zulaufen, geht es rechts auf einen Waldweg, den wir uns allerdings mit Radfahrern teilen müssen. Aber er ist so breit, dass wir uns nicht gegenseitig in die Quere kommen. In der Woche begegnen einem hier manchmal die Kinder des Waldkindergartens, die durch den Wald stapfen. Der Weg ist eben und angenehm zu gehen. Bis auf das Vogelgezwitscher ist hier nichts zu hören, Stille wie im Kloster. Nach rund einem Kilometer gelangen wir zu einer Wegekreuzung und zum Knotenpunkt 53. Hier geht es

Links: Zum Laden haben auch Hunde Zutritt.
Rechts: Nick, der Hausherr

MEIN TIPP
Ich habe mir angewöhnt, meine Hunde zu mir zu rufen, sobald uns Spaziergänger entgegenkommen. Nicht nur Jogger und Radfahrer begrüßen das sehr. Klar ist auch: Wenn euch ein anderer Hundebesitzer mit seinem angeleinten Hund entgegenkommt, seid so fair und leint euren Hund ebenfalls an. So können brenzlige Begegnungen häufig entschärft werden. Sollte ein freundlicher Kontakt zwischen den Hunden erwünscht sein, wird der Halter es euch bestimmt mitteilen!

nach links. Die Route führt über ein Brückchen über den **Knechtstedener Graben**, ein kleines Gewässer, das durch das Waldgebiet fließt. Bald lichtet sich das Gelände, und rechts können wir den Blick über offenes Feld schweifen lassen. Dazwischen eingestreut sind immer wieder Obstwiesen, und eine Schautafel informiert über die Dyker Schmalzbirne. Die **Obstbaum-Initiative** der Biologischen Station Neuss hat sich zum Ziel gesetzt, Obstwiesen als Teil der traditionellen Kulturlandschaft zu fördern und das Bewusstsein für die Notwendigkeit der Wiesen als Lebensraum für zahlreiche Pflanzen- und Tierarten zu wecken. Eine gelungene Initiative, denn allein der Weg durch diese traumhafte Wiesen- und Obstbaumlandschaft ist ein Genuss.

Nach einem knappen Kilometer knickt der Weg nach links ab und das vorläufige Ende des Naturschutzgebiets ist erreicht. Hin und wieder begegnen einem hier Radfahrer. Hundehalter müssen hier deshalb darauf achten, dass der Hund nicht vor die Räder läuft. Zum Glück ist dieser schmale asphaltierte Wegabschnitt nicht sehr lang und schon bald stoßen wir auf eine Wegkreuzung, an der es nach links weiter durch die Felder geht. Wer mag, schaut sich rechts etwas abseits noch eine weitere Infotafel des Obstbaumwanderwegs an.

Nun gehen wir schnurstracks auf einem hübschen Feldweg weiter, bis wir den Waldrand erreichen. Nach kurzer

Zeit steht rechts am Weg eine kleine Hütte, die sich beim Näherkommen als **Fledermausquartier** entpuppt. Da die Tiere in unseren blankgeputzten Landschaften nur noch wenige Übernachtungsquartiere finden, möchte der Naturschutzbund Deutschland mit dieser Station den nachtaktiven Tieren ein artgerechtes Dach über dem Kopf bieten.

Geradeaus geht es wieder in den Wald hinein, kurz darauf verläuft der Weg nach links und führt uns bald in eine Rechtskurve, immer weiter durch das Naturschutzgebiet. Nach einem knappen Kilometer gelangen wir an eine Wegekreuzung und folgen hier dem Weg nach links. Nun ist es nicht mehr weit: Der breite Weg führt bis zum

Ländliches Idyll –
Schafe unter
Obstbäumen

Komfortable Wanderwege durchziehen den Knechtstedener Busch.

Bildstock, und dann geht es rechts zum Kloster zurück. Wer möchte, kann an der Wiese mit den Obstbäumen rechts auf dem schmalen Pfad einmal um das Kloster herumgehen und kommt dann wieder auf dem Platz vor der Kirche heraus. Das ist ein idyllischer, von Alleebäumen gesäumter Weg, der allerdings bei feuchtem Wetter sehr matschig ist. Eine anschließende gründliche Schuh- und Pfotenreinigung ist da unabdingbar.

Eine Kirche mit vielen Kostbarkeiten

Einen Blick in das Innere der Kirche sollten wir aber jetzt noch werfen, denn sie gehört zu den bedeutendsten romanischen Bauwerken im Rheinland. Eine Besonderheit sind die Stützen im Mittelschiff, denn hier wechseln sich schmale Pfeiler und mächtige Säulen ab, und alle sind individuell gestaltet. „Rheinischer Stützenwechsel" nennt das der Fachmann, vielleicht weil es im Rheinland wohl jeder so macht, wie es ihm gerade passt. Der päpstliche Ehrentitel „Basilika minor" wurde der Kirche 1974 unter anderem wegen eines Gnadenbilds aus dem 14. Jahrhundert zuteil. Diese **Pieta** ist bis heute Ziel vieler Pilger und steht am südwestlichen Vierungspfeiler. Ebenso bedeutungsvoll ist das **Fresko „Christus in der Mandorla"** im Westchor, das zur Erbauungszeit der Kirche um 1160 entstanden ist.

Nun sind Hunde zwar auch Geschöpfe Gottes, aber in das Innere der Kirche sollten sie aus Rücksicht auf andere Kirchenbesucher besser nicht, auch wenn das außerhalb der Gottesdienstzeiten durchaus gestattet ist. Und so wartet Bina geduldig draußen, abwechselnd bei Helga und Gert, bis beide ihren kurzen Kirchenrundgang beendet haben. Nach der Wartezeit gibt es für Bina ein kleines Belohnungsleckerchen.

Über die kopfsteingepflasterte Allee geht es nun zum Parkplatz zurück. Hier befindet sich im ehemaligen Gästehaus des Klosters die **Gaststätte „Klosterhof"**. Hunde sind herzlich willkommen, und an ruhigen Tagen bekommen sie ihren Wassernapf auch schon mal von der Bedienung an den Tisch gereicht. Ein wahrlich klösterliches Hundeleben! Bina döst genüsslich unter dem Tisch ein.

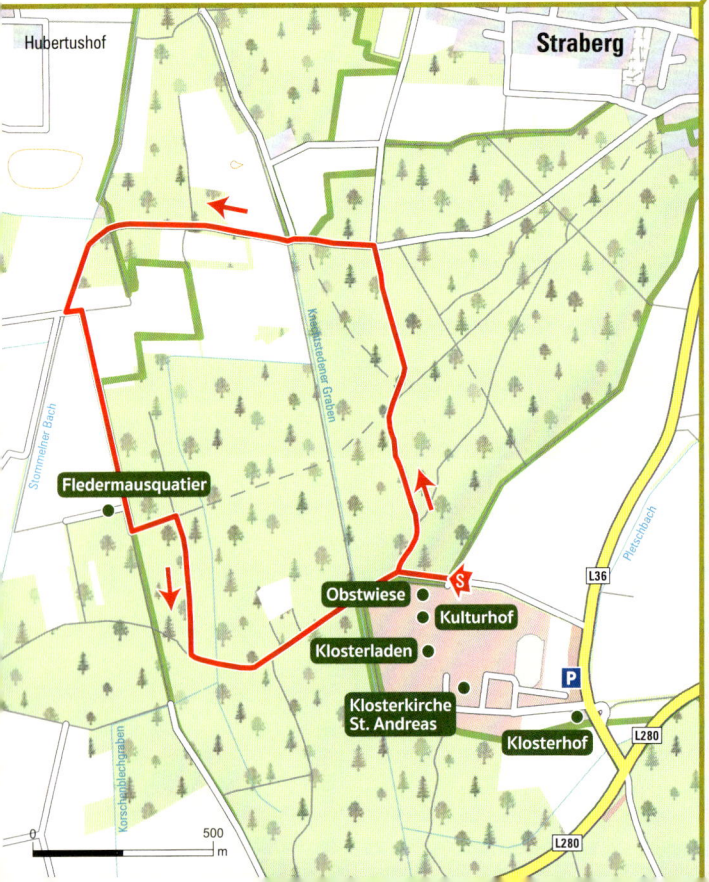

Hubertushof

Straberg

Kneffelstädteler Graben

Stommeiner Bach

Pletschbach

Fledermausquartier

Obstwiese

Kulturhof

L36

Klosterladen

P

Klosterkirche
St. Andreas

Klosterhof

L280

Korschachelgrabalen

500
m

L280

SERVICE

Kloster Knechtsteden
41540 Dormagen
Tel. 02133-86 90
www.kloster-knechtsteden.de

ANFAHRT
Pkw (Navi): Winand-Kayser-Straße, 41540 Dormagen
Großer Parkplatz gegenüber der Gaststätte Klosterhof

ÖPNV
S 11 oder RE 7 bis Dormagen Bf., dann mit der Buslinie 883
oder 871 in Richtung Grevenbroich bzw. Broich bis Haltestelle
„Knechtsteden". Oder mit der S 11 bis Nievenheim Bf., dann
mit der Buslinie 885 Richtung Marktplatz bis zur Haltestelle
„Knechtsteden"

WANDERN
Obstweg – Kleine Waldrunde
Start: Nördlicher Ausgang des Klostergeländes hinter dem Kulturhof
Länge: circa 4,7 Kilometer
Info: Haus der Natur, Biologische Station im Rhein-Kreis Neuss e.V.
Kloster Knechtsteden 13
41540 Dormagen
Tel. 02133-502 30
www.biostation-neuss.de

EINKEHREN
Klosterhof Knechtsteden
Klosterallee 1
41540 Dormagen
Tel. 02133-807 45
Öffnungszeiten: tägl. ab 11 Uhr
www.klosterhof-knechtsteden.de

Vor dem Klosterladen

Tour 7

Ein Museums-besuch mal ganz anders ...

Rebelle und Lotta auf Stippvisite beim Neandertaler

Ein Ausflug in die Urzeit und ein außergewöhnlicher Museumsbesuch stehen im Mittelpunkt dieser Tour. Denn einmal im Monat, am Doggyday, öffnet das Neanderthal Museum seine Pforten auch für Hunde. Ein tolles Angebot, das Tierfreunde in eine interessante Ausstellung lockt, die sich nicht nur mit dem Neandertaler, sondern auch mit der ganzen Entwicklung der Menschheit beschäftigt. Das umliegende Tal mit dem Eiszeitlichen Wildgehege bietet sich für einen schönen Spaziergang zum Ausklang an. Mit etwas Glück begegnet man Wisent, Auerochse oder Tarpan – ein faszinierendes Zusammentreffen für Mensch, Hund und Urtier.

Kerstin Goldbach

Die zweijährige schwar-
ze Pudelhündin Rebelle
und die ein Jahr ältere
Lotta, ein quirliger Par-
son Russell Terrier, leben
seit ihrer Welpenzeit bei
den beiden Schulfreun-
dinnen Nana und Filippa.
Doch lebhaft wie junge Hunde
eben sind, sorgen sie hin und
wieder für etwas Aufregung. Lotta
lässt ihrem Jagdinstinkt schon mal frei-
en Lauf. So verfolgt sie im Garten gern
die Eichhörnchen. Nur mit viel Geduld
und Erziehung kann Filippa ihr beikom-
men. Und Rebelle war der Trubel einmal
einfach zu viel. Ausgerechnet an Nanas
Geburtstag ist sie ausgebüxt. Ein Hund
auf der anderen Straßenseite, ein Loch
im Gartenzaun ... und schwupp, war sie
weg. Den Abend jedoch verbrachte sie
schon wieder glücklich und zufrieden
zu Hause bei Nana.

Der Standort des Museums befindet sich unweit
der Fundstelle des Neandertalers, der durch Zufall
im Jahr 1865 von Arbeitern eines Kalksteinbruchs
in einer Höhle entdeckt wurde. Modern aufbereitet präsentiert die Ausstellung eine Zeitreise durch vier Millionen
Jahre Menschheitsgeschichte. Warum passen die Weis-
heitszähne nicht mehr in unseren Kiefer? Wie haben
sich die Neandertaler beholfen, wenn sie krank oder ver-
letzt waren? Auch auf diese interessanten Fragen finden
Besucher der Ausstellung Antworten und deshalb haben
sich auch die beiden Schulfreundinnen Nana und Filippa
aufgemacht, um dem Museum rund um den Urmenschen
einen Besuch abzustatten.

Mit dabei sind Rebelle und Lotta, denn heute ist **Doggyday**! Vielleicht weil Mensch und Hund schon seit Jahr-
tausenden eine enge Beziehung pflegen, hat sich das

Neanderthal Museum als einziges in Nordrhein-Westfalen zu dieser Aktion entschlossen. Und es funktioniert. Jeden ersten Freitag im Monat ab 14 Uhr tummeln sich Hunde mit ihren Besitzern im Foyer des Museums. Natürlich interessieren sich die Hunde nicht wirklich für die Exponate, aber sie sind einfach gern bei ihren Menschen. Und für Nana und Filippa wird der Museusemsbesuch besonders reizvoll, wenn Rebelle und Lotta sie begleiten dürfen. Bedingung: Die Hunde müssen angeleint sein und sich gut benehmen!

Out of Africa

Sie hatten einen robusten Körperbau, eine flache Stirn, starke Zähne, mächtige Kieferknochen und dicke Wülste über den Augenhöhlen. Neandertaler sahen doch noch ziemlich anders aus als wir. Gleichwohl stecken in unserer DNA noch Gene dieses frühen Menschen, der vor rund 30 000 Jahren ausstarb.

Über sein Leben möchten wir mehr erfahren und starten unseren Rundgang durch die Ausstellungsräume. Stufenlos werden wir über eine Rampe ins Museum und hindurch geleitet. Wir beginnen mit der aufregenden Fundgeschichte des Neandertalers und begeben uns dann auf eine Zeitreise durch die Geschichte der Menschheit. Dank moderner Medientechnik bekommen wir unsere Vorfahren auch zu sehen, und wir können ihnen zuhören –

Doggyday – auch Rebelle und Lotta sind mit dabei.

etwa „Lucy", die 1974 in Äthiopien gefunden wurde, oder dem „Turkana Boy", der uns von seinen Rücken- und Zahnschmerzen berichtet.

Gegliedert in verschiedene Themenbereiche wie „Werkzeug und Wissen", „Leben und Überleben" oder „Umwelt und Ernährung" und multimedial aufbereitet mit Hörstationen und „Forscherboxen" dokumentiert die Ausstellung die Entwicklung vom Homo erectus, der sich vor rund vier Millionen Jahren in Afrika auf den Weg nach Europa und Asien machte, bis zum heutigen Menschen. Dabei erfahren wir auch von Schädel-Operationen, die bereits vor 10 000 Jahren durchgeführt wurden, und lernen, wie Wissenschaftler mit modernsten Methoden dem Geheimnis der Evolution des Menschen auf die Spur kommen.

Wie ein Neandertaler im Anzug aussieht, sehen wir, wenn wir die Rampe hinaufschreiten. Eigentlich ein netter Kerl, schade nur, dass er sich nicht bis heute weiterentwickelt hat. Über die Theorien zu seinem Aussterben informiert das neu errichtete **„Spiegelkabinett"**. Es heißt so, weil wir uns hier im Spiegel neben dem Neandertaler sehen. Eine Anregung, über uns und unsere Wurzeln nachzudenken und vielleicht mithilfe des Museums Antworten auf spannende Fragen zu bekommen: Woher kommen wir? Wer sind wir? Wohin gehen wir?

Im Spiegel neben dem Neandertaler sehen sich auch Lotta und Rebelle, doch ihr Spiegelbild finden sie nicht so interessant wie die beiden Mischlingshunde, die gerade die Rampe emporlaufen. Die müssen jetzt erstmal beschnuppert werden.

Gruppenbild: in der Mitte eine Rekonstruktion des Neandertalers im Business-Outfit

Links: An Hörstationen erklingen mystische Geschichten.
Rechts: Tabu – die Knochen des Neandertalers

Raus ins Gehege!

Es ist Zeit für etwas frische Luft, Mensch und Hund können sich auf einen Spaziergang freuen. Da der Neandertaler im Eiszeitalter lebte, startet gegenüber dem Museum der Rundgang durch das **Eiszeitliche Wildgehege**.

Eine wilde Landschaft mit zerklüfteten Kalksteinfelsen und einem tiefen Canyon, den die Düssel in das Gestein geschnitten hatte – so präsentierte sich das Neandertal, bevor im 19. Jahrhundert das gesamte Gebiet durch den Abbau von Kalkstein völlig zerstört wurde und seine heutige Gestalt erhielt. Trotzdem ist es bis heute von besonderer Schönheit und besitzt eine einzigartige Flora und Fauna. Bereits im Jahr 1921 wurde es deshalb unter Naturschutz gestellt.

In den Vitrinen werden bedeutende Artefakte präsentiert.

Rund 4,5 Kilometer zieht sich der gut beschilderte Rundweg durch das Wildgehege, das bereits seit 1935 existiert. Hier leben heute Tarpane (eine Wildpferdeart), Auerochsen und Wisente, also Tiere, mit denen sich der Neandertaler seinen Lebensraum teilte und die zu seinen Beutetieren gehörten. Da Tarpane und Auerochsen längst ausgestorben sind, handelt es sich bei den hier lebenden Exemplaren, mit Ausnahme der Wisente, um sogenannte Rückzüchtungen: Durch Zuchtauswahl heutiger Tiere wurden die jeweils typischen Merkmale der ursprünglichen Art wieder herausgebildet.

Wir starten unsere Wanderung gegenüber dem Museum. Über die Ampel, und dann geht es entlang der Düssel auf den **Kunstweg „Menschenspuren"**. Skulpturen stehen mitten in der Natur und sollen den Betrachter dazu anregen, sich über die Beziehung zwischen Natur und Mensch Gedanken zu machen. Entlang der **Steinzeitwerkstatt**, in der Kinder, aber auch Erwachsene, praktische Fähigkeiten der Steinzeitmenschen wie das Speere-Schnitzen oder das Herstellen von Werkzeugen erlernen können, erreichen wir das Wildgehege.

MEIN TIPP

Bei Veranstaltungen wie dem Doggyday, bei denen viele fremde Hunde und ihre Halter zusammenkommen, sollte jedem Besucher klar sein, dass hier auch unterschiedlichste Erziehungsstile aufeinandertreffen – und das kann ganz schön Zündstoff für hitzige Diskussionen bieten. Manchmal scheinen Welten aufeinanderzuprallen. Hundebesitzer wissen jetzt bestimmt genau, was ich meine! Mein Ratschlag: Geht respektvoll miteinander um. Wenn ihr beispielsweise merkt, dass euer Hund gerne Kontakt zu fremden Hunden aufnehmen möchte, fragt vorher einfach kurz den Halter, ob das in Ordnung ist. Etwas Rücksichtnahme kann so manche Situation ganz leicht entschärfen.

Oben: Steinquader trennen einzelne Themenbereiche. Unten: Hunde sind zu klein für die ausgefallene Präsentation von Höhlenmalereien.

Die Drei aus der Urzeit

Der Weg führt durch eine Landschaft mit saftigen Tal-
wiesen, Hangweiden und Wald. Dazwischen plätschert
die Düssel munter durch das Tal. Das 23 Hektar große
Areal bietet ausreichend Platz und Rückzugsmöglichkeiten
für die Tiere. Deshalb gibt es auch keine Garantie, welche
anzutreffen.

Fast immer sind jedoch die **Wisente** zu sehen, deren
Gehege wir als Erstes erreichen. Zurzeit leben nur noch
zwei Exemplare der größten Landsäugetiere Europas
hier. Ihr Lebensraum waren die Wälder und Steppen
Mittel- und Nordeuropas, in freier Wildbahn jedoch
sind sie im 20. Jahrhundert ausgestorben. Weil einige Exemplare in
Gefangenschaft überlebten,
besteht die Art bis heute fort.

Oben: Rebelle unterwegs
Unten: Auf zum Eiszeitlichen
Wildgehege

Noch zwei Wisente leben im Gehege.

Das Gehege der **Auerochsen**, der Vorgänger unser heutigen Hausrinderrassen, zu dem wir als Nächstes gelangen, erstreckt sich über ausgedehnte Hangweiden. Das letzte „echte" Exemplar dieser imposanten Art ist 1627 getötet worden. Wir sind schon ein bisschen ergriffen, als wir am Waldrand eines der Rinder mit den mächtigen Hörnern erspähen. Es döst gemütlich im Schatten und wirkt doch eigenartig aus der Zeit gefallen, so wenig sind wir mit diesen Wesen heute vertraut.

Das gehörnte Tier imponiert Lotta und Rebelle jedoch nicht, denn sie sind abgelenkt. Duftmarken am Wegesrand scheinen wichtige Botschaften zu enthalten, die es zu entziffern gilt.

Über Treppen geht es nun hinab ins Tal. Über ein Brückchen gelangen wir auf die andere Seite der Düssel und finden uns in einer Wiesenlandschaft wieder. Bald kommen wir zum Gehege der **Tarpane**. Einst lebten sie in den Steppen und Wäldern Mittel- und Osteuropas, aber durch die zunehmende Landwirtschaft wurde ihr Lebensraum mehr und mehr beschnitten. Die Tiere im Gehege sind eine Rückzüchtung aus Przewalskipferden sowie Island- und Gotland-Ponys. Sie haben graues Fell und den charakteristischen Aalstrich der Wildpferde. Leider bleibt uns ein Blick auf die Tiere heute verwehrt. Ob ein Fohlen erwartet wird? Dann wird die kleine Herde nämlich in ein nicht einsehbares Gehege umgesiedelt, damit die Stute in Ruhe ihr Junges gebären kann.

Wir marschieren zurück zum Museum und genehmigen uns erst einmal einen zünftigen Imbiss. Neben einer Einkehr im **Museumscafé**, wo am Doggyday natürlich auch Hunde herzlich empfangen werden, kommt auch ein Besuch im „**Hotel-Restaurant Becher**" mit seinem angeschlossenen Biergarten infrage. Auch hier sind Hunde gern gesehene Gäste und ein Topf mit Wasser steht für Rebelle und Lotta schon bereit. Die beiden kleinen Hunde sind nun ganz schön geschafft, schließlich mussten sie es heute mit den großen Tieren aus der Urzeit aufnehmen.

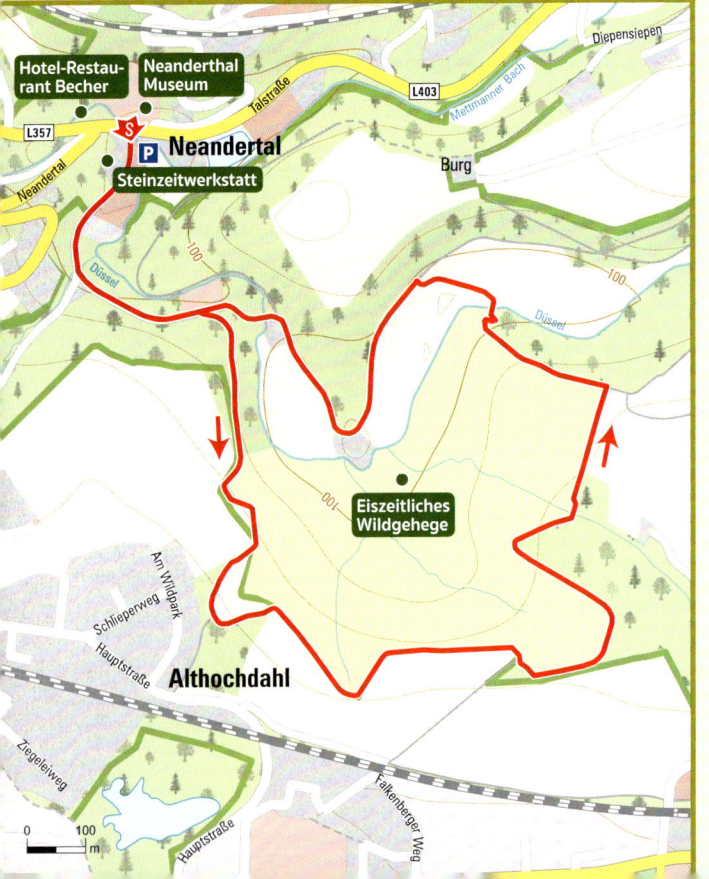

SERVICE

Neanderthal Museum
Talstraße 300
40822 Mettmann
Tel. 02104-979 70
www.neanderthal.de
Öffnungszeiten: Di–So 10–18 Uhr
Eintritt: Erw. 9,- Euro, Kinder (6–16 Jahre) 5,- Euro,
Hunde am Doggyday 2,- Euro zzgl. Eintritt Begleitperson

WANDERN
Eiszeitliches Wildgehege
ganzjährig zugänglich
Start: Gegenüber dem Neanderthal Museum
Länge: 4,5 Kilometer
www.wildgehege-neandertal.de

ANREISE
Pkw (Navi): Talstraße 300, 40822 Mettmann
Ein Parkplatz befindet sich direkt gegenüber dem Museum,
das Parken ist in der Woche kostenfrei.

ÖPNV
Mit der S 28 bis Haltestelle „Neandertal", dann 5 Minuten
Fußweg zum Museum oder mit der Buslinie 751
(Mettmann–Hilden) oder 743 (Mettmann–Erkrath)
bis Haltestelle „Neanderthal Museum"

EINKEHREN
Hotel-Restaurant Becher
Neandertal
40822 Mettmann
Tel. 02104-755 54
www.hotelbecher.de

ÜBERNACHTUNGSMÖGLICHKEITEN
Etwas weiter entfernt, aber mit gutem Service für Hunde:
Hotel-Restaurant „Am Bauenhaus"
Am Bauenhaus 34
40472 Düsseldorf
Tel. 0177-859 50 22
www.hotel.am-bauenhaus.de
Hunde sind gegen einen kleinen Aufpreis, der sich nach der
Anzahl und Größe der Hunde richtet, willkommen. In der
Nähe des Hotels gibt es eine schöne Hundespielwiese,
und Trockenfutter steht den Hunden im Hotel
zur Verfügung.

Tour 8
Pack die Badehose ein ...

Mit Smutje an der Glörtalspere in Breckerfeld

Wo Mensch und Hund gemeinsam planschen und schwimmen können, und das in kühlem Wasser von allerbester Qualität. Badespaß, chillen im Schatten unter Bäumen, Spaziergänge oder längere Wandertouren: All dies bietet die Glörtalsperre auf der Grenze zwischen Ennepe-Ruhr-Kreis und Märkischem Kreis. Das ideale Ziel für einen Sonntagsausflug mit Familie und Freunden.

Kirsten Schönenborn

Smutje

Smutje ist ein etwas zu klein geratener Großer Schweizer Sennenhund. Seine Eltern lebten bei einem unseriösen Züchter und wurden vom Tier-schutz gerettet. Damals war Smutjes Mutter wieder schwanger und brachte zwölf Welpen auf die Welt, die alle ver-mittelt wurden. Sie selbst starb wenig später an Gebärmutterkrebs. Heute lebt Smutje im Bergischen Land bei Claudia und Peter und fühlt sich dort gemeinsam mit Fozzy, einem älteren Aus-tralian-Shepherd-Mix, und vier Katzen pudelwohl. Er ist ein unkomplizierter Artgenosse, etwas schüchtern und eigentlich immer zufrieden, wenn sein Rudel beisammen ist und er mittendrin. Wasser mag er gerne und er „ret-tet" auf Kommando jeden Ball aus dem See. Richtig schwimmen dagegen ist nicht sein Hobby.

„Pack die Badehose ein, nimm dein kleines Schwes-terlein. Und dann nischt wie raus nach Wannsee." Mit diesem Song startete Conny Froboess 1951 als Kinderstar ihre Musik- und spätere Schauspielkarrie-re. Ein Song, der zumindest den Älteren direkt im Kopf schwirrt, wenn es sommerlich heiß ist und alles bellt und schreit: „Wir wollen baden und zwar in freier Natur!" Nur wo? Die meisten Badeseen sind für Hunde tabu und Hundetümpel meistens nicht für Menschen geeignet. Hier unser Tipp: Die **Glörtalsperre** bei Breckerfeld hat einen malerisch gelegenen Naturbadestrand mit einem eigenen Hundeareal. Perfekt!

Wasser zur Wasserregulierung

Nach zweijähriger Bauzeit wurde die Talsperre 1904 in Betrieb genommen. Sie staut die namensgebende Glör und versorgte früher die wassergetriebenen Industriebetriebe im Glör- und unteren Volmetal mit Wasserkraft. Hauptsächlich aber ist sie seit jeher für die Regulierung der Ruhr bei Niedrigwasser zuständig. Da allerdings die wasserwirtschaftliche Versorgung der anliegenden Werke immer unwichtiger wurde, drohte der kleinen Talsperre 1997 die Stilllegung. Einzig ihr schon in den 50er-Jahren erworbener hoher Freizeit- und Erholungswert rettete dieses Idyll.

Spaß für Badende mit und ohne Fell

Die Badetauglichkeit des Stausees erkundet heute Smutje mit seinen Haltern Claudia und Peter und deren Freunden. Bepackt mit Picknickkorb, Decke und Spielzeug für Zwei- und Vierbeiner geht es vom Parkplatz hinunter zum See: an der Gaststätte nach rechts, zwischen den dicken Steinen hindurch den Uferweg entlang. Schon glitzert das Wasser zwischen den Schatten spendenden Bäumen hindurch.

Ballspielen im seichten Wasser

Der vordere Abschnitt des Naturbads ist allein den zweibeinigen Badegästen überlassen. Es folgen ein Holzhaus und die DLRG-Station, wo sich auch Sanitäranlagen und Umkleiden befinden. Dazu ein Kiosk und ein Café auf einer urigen Holzterrasse direkt am See gelegen. Aber nach Pause und Imbiss steht nach so wenigen Wegminuten noch keinem der Sinn, und schon ist das Schild **„Hundestrand"** zu sehen. Als könnte Smutje lesen, zieht er just hier an der Leine nach links und bereits nach wenigen Metern darf er abgeleint werden und läuft zielstrebig in die Fluten.

Von wilden Wellen kann natürlich keine Rede sein, vielmehr geht es ganz ungefährlich über einen sanft abfallenden Strand ins Wasser. Der eher schüchterne Smutje ist kein wilder Springinsfeld und erkundet zuerst vorsichtig die Gegebenheiten. Das Wasser ist angenehm kühl, aber nicht eisig. Während die Menschen gerne weiter hinausschwimmen oder in Schlauchbooten den See erkunden, tummeln sich die Hunde eher in Ufernähe, toben mit Artgenossen, fangen, jagen und balgen sich wild, aber freundschaftlich. Voraussetzung für dieses friedvolle Spielen ist eine gute Sozialisation der Hunde. Tiere, die sich mit anderen nicht vertragen, haben leider an Hunde-

Aufgepasst! Gleich fliegt der Ball!

stränden und auf Hundewiesen nichts verloren. Auch sollte jeder Hundehalter selbstverständlich einen Ball oder entsprechendes Spielzeug mitbringen, damit Streitigkeiten gar nicht erst entstehen.

Hier klappt das Miteinander hervorragend. Ein junger Ridgeback tobt mit einem Border Collie. Kleine Beagles spielen Fangen mit einem Pudel. Kinder planschen mit ihren Hunden. Jeder wie er mag. Nur die älteren Menschen und Hunde halten sich zurück und kühlen sich bloß ab, bevor sie sich in den Schatten der Bäume setzen und dem lustigen Treiben zusehen. Smutje spielt am liebsten mit Claudia und ihren Freunden. Er liebt seinen Ball, den er immer wieder begeistert aus dem Wasser holt.

Links: Smutje in Spiellaune
Rechts: Hier geht es zum Hundestrand.

Ein Picknick mit Seeblick

Doch so viel Bewegung macht hungrig. Schnell ist eine Decke mit einem Picknick aus vielen Leckereien ausgebreitet. Auch einige Bänke und Tische stehen für eine Imbisspause bereit. Hier am Hundestrand kann es passieren, dass mal ein Hund im Spieleifer über des Nachbarn Decke tobt. Nicht toll, aber auch nicht schlimm. Schließlich sind wir am Hundestrand, wo jeder die liebenswerten und auch mal lästigen Eigenheiten von Vierbeinern kennt. Hunde sind eben Hunde.

Gut gestärkt unternehmen wir einen Spaziergang um den See. Herrscht auf dem ersten Teil des Wegs noch viel Trubel, wird es spätestens auf Höhe der Jugendherberge, von wo wir einen wunderbaren Blick über den See haben, beschaulicher. Zahlreiche Wanderwege zweigen vom Seeweg ab und ermöglichen ausgedehnte Wandertouren. Wir wählen bei diesen warmen Temperaturen nur die circa einstündige, 3,4 Kilometer lange Seerunde im Schatten der Bäume. Bald schon ist die gekrümmte **Staumauer** aus Bruchstein in Sicht. Die 168 Meter lange und 32 Meter hohe Mauer wurde von 2000 bis 2003 renoviert und erhielt zusätzlich einen Kontrollgang sowie davon abzweigende Drainagen. Dabei wurde auch ihre gesamte Technik erneuert. Bei einer Wasseroberfläche von 21 Hektar fasst der Stausee der Talsperre 2,1 Millionen Kubikmeter Wasser, dessen Qualität aufgrund des Waldes, durch den die Glör fließt, und dank der wenigen landwirtschaftlichen Betriebe in der Umgebung hervorragend ist.

Bei so viel frischem Seewasser bekommt man unweigerlich Durst. Da fällt unser Blick von der Staumauer aus auf die idyllisch gelegene Terrasse des Cafés „**Haus Glörtal**" mit Aussicht über den Stausee. Gutes Wasser ist auch die Grundlage für leckeren Kaffee oder Tee, für Apfelschorle und Limonade – oder soll es ein zünftiges Bier sein? Da fällt die Entscheidung nur einem leicht. Smutje bekommt einen riesengroßen Napf klares Wasser!

Links: Sommer, Sonne, Badespaß …
Rechts: … mit Kind, Kegel und Hund

MEIN TIPP

Meine Cairnterrier-Mischlings-
hündin Carry war eine absolu-
te Wasserratte und ließ keinen
See, keinen Bach, keine Pfütze
aus. Sie liebte das Wasser bis ins
hohe Alter (sie wurde unglaubliche 20
Jahre alt – vielleicht wegen des Schwim-
mens!). Carry hat mir auch gezeigt, wie viel
Spaß es macht, gemeinsam mit dem Hund zu schwimmen.
War ihre Freude schon groß, wenn sie allein oder mit anderen Hunden durchs Wasser tobte, so flippte sie regel-
recht aus, wenn ich zusammen mit ihr ins Wasser ging. In
Ufernähe, sodass sie auch immer wieder Boden unter den
Pfoten haben konnte, zog ich ein paar kleine Bahnen, setz-
te mich einfach ins Wasser oder tobte mit ihr. Wichtig war
jedoch, dass ich sie bremste, sobald ich merkte: Hey, das
reicht jetzt! Sonst wird es zu viel für sie.

Probiert es einfach mal aus – habt Spaß mit eurem Hund!
Seid aber auch nicht enttäuscht, falls er nicht ins Wasser
möchte. Wichtig: Rubbelt den Hund nach dem Wasser-
spaß vorsichtig trocken, bevor ihr euch auf den Heimweg
macht – besonders die Ohren! Denn auch ein Hund kann
durch Zugluft Ohrenschmerzen bekommen, und einige
Hunde sind besonders anfällig dafür.

Loh

Staumauer

Haus Glörtal

Kiosk

Hundestrand

Glörtalsperre

Glörstraße

Glör

Glör

Glörnke Bach

0   100 m

SERVICE

WANDERN
Glörtalsperre
58339 Breckerfeld
Start: Haus Glöltal
Länge: 3,4 Kilometer

ANFAHRT
Pkw (Navi): Glörstraße 74, 58339 Breckerfeld
Kostenfreier Parkplatz an der Glörstraße 60, von dort circa
15 Minuten Fußmarsch zum See. Kostenpflichtige Parkplätze
direkt am See.

ÖPNV
Von Hagen Bf. mit der Buslinie 84 nach Breckerfeld-Branten.
Es fahren mehrere Linien nach Breckerfeld, aber nur die Linie 84
steuert die gleichnamige Haltestelle an. Von dort zu Fuß weiter
der Beschilderung zur Jugendherberge folgen. Dort links an der
Glör entlang. Rechts liegt der Hundestrand und weiter geradeaus
das Restaurant Glörtal sowie der Parkplatz und Ausgangspunkt
des Ausflugs. Der Fußweg führt 2,5 Kilometer bergab.

EINKEHREN
Restaurant „Haus Glörtal"
Glörtalsperre 1
58339 Breckerfeld
Tel. 02338-87 49 17
Öffnungszeiten: Mo–Sa ab 11 Uhr, So ab 10 Uhr
www.restaurant-haus-gloertal.de

Imbissterrasse mit Kiosk
DLRG-Standort am Uferweg. Rustikale Terrasse am See gelegen.
Hier gibt es auch Umkleiden und sanitäre Einrichtungen.

ÜBERNACHTUNGSMÖGLICHKEITEN
Jugendherberge Glörsee
Glörtalsperre 1
58339 Breckerfeld
Tel. 02338-434
Jh-gloersee@djh-wl.de
Hunde sind willkommen, sollten aber angemeldet werden
und haben keinen Zugang zu den Seminarräumen.

Hotel-Restaurant „Gasthof Zur Post"
Hauptstraße 4
58339 Breckerfeld
Tel. 02338-515
www.zur-post-krumme.de
Hunde sind auf Anfrage erlaubt.

Links oben: Umgeben von Wasser und Wald

Tour 9
Im Natur-
paradies ...

Mit Smilla rund um die Nette-Seen

Der Naturpark Schwalm-Nette, der am linken Ufer des Niederrheins nahe der Grenze zu den Niederlanden liegt, gehört zu den reizvollsten Regionen Nordrhein-Westfalens und ist ein perfektes Ausflugsziel für Naturliebhaber. Auf einer Wanderung rund um die Nette-Seen durchstreifen Mensch und Hund eine wunderschöne Seenlandschaft, erspähen zahlreiche Wasservögel, entdecken einen Naturschutzhof und kehren in einer alten Mühle ein. Als Zugabe gibt's typisch niederrheinische Landschaft ringsumher.

Kerstin Goldbach

Smilla

Auf einem Spaziergang haben sie sich kennengelernt: Smilla, die neun Jahre alte Spitz-Husky-Mischlingshündin und ihr späteres Frauchen Elena. Da Smillas Herrchen gerade eine Haftstrafe verbüßte, war Smilla ins Tierheim gegeben worden, und von dort ging Elena regelmäßig mit ihr Gassi. Da sich beide prima verstanden, stand für Elena bald fest, dass sie Smilla übernehmen wollte. Die Zusage vom Tierheim kam an Weihnachten. Doch just an dem Tag, als Smilla das Heim verlassen sollte, tauchte ihr Vorbesitzer wieder auf und forderte seinen Hund zurück. Ein Schock für Elena. Der Silvestertag brachte aber mit einem erlösenden Anruf vom Tierheim schließlich die Wende: „Sie können Smilla behalten." Das Zusammenleben allerdings war am Anfang gar nicht so einfach. Smilla war Fremden gegenüber sehr misstrauisch und schnappte sogar ein paarmal zu. Dank einer guten Hundeschule und viel Geduld ist sie inzwischen jedoch ein entspannter und freundlicher Hund, der gerne sein Morgenbad im Rhein nimmt und lange Wanderungen liebt. Smilla und Elena sind deshalb Mitglied in einem Hundewanderclub und sammelten bei einem Spenden-Volkslauf sogar 350 Euro für den Tierschutz. Ein erfolgreiches Team mit einem ganz besonderen Glückstag: dem 31. Dezember.

Die Nette-Seen sind Teil des Naturparks Schwalm-Nette. Benannt sind sie nach dem Fluss, in dessen Tal sie sich befinden. Bis zur Mitte des 17. Jahrhunderts war die Talregion noch ein großes Sumpf- und Moorgebiet. Als wichtiges Brennmaterial hoch begehrt, wurde der Torf jahrhundertelang in großem Umfang abgebaut. Doch im 19. Jahrhundert war schließlich der Torfstich nicht mehr rentabel, und die ausgehobenen Torfgruben füllten sich mit Wasser. Durch die Errichtung von Dämmen entstanden aus den kleinen größere Seen, die zahlreichen Mühlen als Wasserreservoirs dienten.

Inzwischen ist hier eine Wasserlandschaft mit Seen, Moor- und Feuchtwiesen entstanden, die nicht nur Lebensraum und Brutstätte zahlreicher teils seltener Wasservögel, sondern auch ein abwechslungsreiches Wandergebiet ist.

Um die Seen und die Landschaft ringsum zu entdecken, begeben wir uns mit Elena und ihrer lauffreudigen Hündin Smilla auf den 11,6 Kilometer langen **Premiumwanderweg „Wasser.Wander.Welt Nette-Seen"**. Er umrundet den Großen und den Kleinen De Wittsee, den Ferkensbruch und den Windmühlenbruch. Die Wanderung verläuft teils durch ein Naturschutzgebiet, wo strenge Anleinpflicht besteht.

Ein Projekt für gefährdete Vögel

Startpunkt ist der Wanderparkplatz an der **Leuther Mühle**, einer rund 300 Jahre alten ehemaligen Korn-Ölmühle, die heute als Seminarhaus dient. Nachdem wir die Straße überquert haben, treffen wir auf den Einstieg zu einem Pfad, der uns direkt zum Flüsschen Nette führt. Die Wiesen zur Rechten und das Flüsschen zur Linken spazieren wir weiter, um kurz darauf in einer bezaubernden Wasserwelt zu landen.

Steg am Großen De Wittsee

Hinter einem dichten Schilfgürtel erscheint ein kleiner See, auf dem sich eine Vielzahl Vögel tummelt. Wir entdecken einen hölzernen Turm mit Aussichtskanzel. Es handelt sich um den **Aussichtsturm** des sogenannten Rohrdommelprojekts. Die Rohrdommel ist ein Vogel aus der Familie der Reiher, der in dichten Röhrichten lebt und bereits als ausgestorben galt. Um den Vogel wieder anzusiedeln, wurde dieser kleine See geschaffen. Dazu mussten Bäume entfernt, der Oberboden abgetragen und das Gelände geflutet werden. Ein Schilfgürtel wurde angelegt, und nach und nach siedelten sich hier wieder Vögel an, die das dichte Schilf als Brut- und Lebensraum nutzen, wie Zwergtaucher, Rohrammer oder Schilfrohrsänger. Auch besagte Rohrdommel wurde inzwischen wieder gesichtet. Zur Abendstunde, wenn das Licht besonders schön ist, wird der kleine Pfad entlang des Sees von Fotografen bevölkert, die mit riesigen Objektiven anrücken, um vom Turm aus die Vogelwelt zu fotografieren. Eine reiche Fotoausbeute ist auf diesem kleinen paradiesischen Flecken Erde garantiert.

Nun stoßen wir auf das Signet unseres Wanderwegs, ein weißes W auf blauem Grund, und entscheiden uns, den Rundweg im Uhrzeigersinn zu gehen. Das führt uns zwar zunächst weg von der Wasserwelt, aber dafür können wir am Großen De Wittsee zum Schluss noch etwas ausspannen und die Seeatmosphäre genießen.

Links: Ein Paradies für Wasservögel, entstanden im Zuge des Rohrdommelprojekts
Rechts: Immer dem „W" nach – der Wanderweg ist gut beschildert.

MEIN TIPP

Wer – wie Elena – viel mit seinem Hund in der Natur unterwegs ist, hat sich bestimmt schon einmal die Frage gestellt: Halsband oder Geschirr? Ich bin ein Fan von Geschirren, da meine Hunde sehr häufig an der Schleppleine laufen. Ich vergleiche ein perfekt sitzendes Hundegeschirr mit perfekt sitzender Wanderkleidung: Nichts darf scheuern, kneifen, die Bewegung einschränken … Beides muss aber stets einen sicheren Sitz haben. Letztendlich müsst ihr selbst entscheiden, welche Option für euch und euren Hund als Team optimal ist. Aber wofür ihr euch auch entscheidet, es ist für den Notfall wichtig, dass die Hunde unterwegs immer eine personalisierte Marke tragen. Name und Telefonnummer sollten unbedingt darauf vermerkt sein, eventuell auch eine Adresse. Übrigens: Es besteht auch die Möglichkeit, Geschirr oder Halsband mit den individuellen Daten besticken zu lassen!

Links: Die glatte
Wasserfläche als
Spiegel
Rechts: Smilla ganz Ohr

Wenn der Hahn kräht auf dem Mist

Über eine Brücke kreuzen wir die Nette, folgen dem Schild mit dem weißen W und wandern durch ein kleines Waldstück, das uns in eine offene Feld- und Wiesenlandschaft entlässt. Obwohl nicht so spektakulär wie die Seen, ist die Landschaft doch ausgesprochen reizvoll, und entlang einer Allee erreichen wir nach einem knappen Kilometer den **NABU-Naturschutzhof**, ein Kleinod der bäuerlichen Kultur. Der Hof existiert seit 1985 und wird weitestgehend im Ehrenamt von Mitgliedern des Naturschutzbunds Deutschland (NABU) bewirtschaftet. Hunde dürfen angeleint mit auf das Gelände.

Als wir den Hof betreten, thront als Empfangskomitee ein stolzer Hahn auf einem Misthaufen, den es so auf den meisten Bauernhöfen gar nicht mehr gibt. Für Gartenliebhaber wird hier einiges geboten. Das Wahrzeichen des Hofs ist der acht Meter hohe „Lebensturm" mit Nisthilfen für Insekten, Vögel und kleinere Säugetiere. Darum gruppieren sich zahlreiche Beete und Gärten, zum Beispiel ein Bauern- und Kräutergarten, Trockenmauern, ein Duftbeet und verschiedene Hochbeete. Weiterhin gibt es einen Apfelsorten- und Vogelnestlehrpfad, Streuobstwiesen, Schafe und Bienen – wer alles sehen möchte, sollte schon etwas Zeit mitbringen.

Im Hofladen können Naturprodukte aus eigener Herstellung gekauft werden. Voller Ideen zur eigenen Gartengestaltung verlassen wir die NABU-Institution. Nebenan lädt das Landcafé Stemmeshof zu einer Kaffeepause ein. Das Café ist in der Scheune der alten Hofanlage untergebracht, die laut Balkeninschrift auf das Jahr 1763 zurückgeht.

Wir setzen unseren Rundweg fort, der uns gleich vor dem nächsten Hof nach links in Richtung Felder führt. Der Wegweiser fehlt leider an der Abbiegung, deshalb müssen wir hier etwas aufpassen.

Von Mühle zu Mühle

Schnurstracks geht's über die Felder auf den Ort Lobberich zu. Smilla genießt den Lauf über den breiten Feldweg, der zwar etwas profan wirkt, aber dafür viel freie Sicht in die Ferne bietet, wo immer mal wieder ein Kirchturm zu sehen ist. Wir umrunden den Ort Sassenfeld und eine Tennisanlage und nähern uns dann bald dem **Ferkensbruch** und damit wieder der Seenlandschaft. Kurz zuvor bietet sich eine Einkehrmöglichkeit im **Gasthaus „Lüthemühle"** mit seinem schönen Biergarten. Die Mühle, deren Ursprünge bis ins Jahr 1419 zurückreichen, beherbergt heute neben dem Gasthaus mit Hotel auch eine Reitanlage.

Der NABU-Naturschutzhof ist ein Highlight der Wanderung.

Der Weg durch den unter Naturschutz stehenden Ferkensbruch ist sehr idyllisch und führt durch eine prächtige Lindenallee vorbei an einer Fischtreppe und einem Stauwehr weiter durch die reizvolle Bruchlandschaft. Bald nähern wir uns erneut **Lobberich** und dem **Windmühlenbruch**. Hier waren einst zwei Mühlen in Betrieb, die Nelsenmühle und die Neu- beziehungsweise Gartzmühle. Eine Infotafel erinnert an die alten Mühlenbauten, die dem See seinen Namen gaben. Smilla nutzt eine kleine Pause für Sozialkontakte, denn der eine oder andere Artgenosse begegnet uns hier. Recht nah an Lobberich gelegen, wird dieser Streckenabschnitt von einheimischen Hundehaltern gern für den täglichen Gassiweg genutzt.

Links: Elena und Smilla im Kräutergarten des Naturschutzhofs
Rechts: Der Hof kümmert sich um den Erhalt alter Hühnerrassen.

Streuobstwiese mit Schafen am Naturschutzhof

Der große See

Die Hälfte der Strecke haben wir geschafft und nun geht es zurück in Richtung Norden. Wir streifen Wiesen und Weiden und erreichen das Naturschutzgebiet **Kleiner De Wittsee** und das angrenzende Gelände des **Landschafts-hofs Baerlo**. Dieser im Ehrenamt von der Arbeitsgemeinschaft Biotopschutz im Kreis Viersen bewirtschaftete Hof hat sich den Erhalt und den Schutz der bäuerlichen Kulturlandschaft am Niederrhein auf die Fahnen geschrieben. Dazu zählt auch der Schutz der für die Region landschaftsprägenden Kopfweiden, denen auf dem Gelände eine Dauerausstellung gewidmet ist.

Vorbei an friedlich grasenden Schottischen Hochlandrindern, die auch zum Landschaftshof gehören, geht es weiter. Nach rund einem Kilometer stoßen wir dann auf den **Großen De Wittsee** mit Parkplatz, einem **Strandcafé** und einem Campingplatz. Da der See nicht unter Naturschutzsteht steht, dominiert hier die Freizeitnutzung. Bald schon verläuft der Weg direkt an seinem Ufer entlang. Bänke und Holzstege laden zu einer Pause mit Seeblick ein. Genau der richtige Ort, um am Wasser noch etwas auszuspannen, bevor es zurück zum Ausgangspunkt geht. Sogar Smilla ist jetzt etwas müde vom Laufen und lässt sich neben Elena auf einem Steg nieder. Dann heißt es wieder strecken, recken und auf zum Endspurt. Vorbei an Enten, Gänsen, Reihern und vielen anderen interessanten Tieren, die im Schilf hocken, ist der Ausgangspunkt dieser Wanderung bald erreicht.

SERVICE

NABU-Naturschutzhof
Sassenfeld 200
41334 Nettetal
Tel. 02153-893 74
www.nabu-krefeld-viersen.de
Öffnungszeiten: Mo–Do 8–16 Uhr, Fr 8–14.30 Uhr, Mai–Okt.
zusätzlich So 11–17 Uhr

Landschaftshof Baerlo
Baerlo 14a
41334 Nettetal-Leutherheide
Tel. 02153-97 29 72
www.landschaftshof-baerlo.de
Öffnungszeiten: Das Freigelände des Landschaftshofs Baerlo
ist ganzjährig bei Tageslicht zugänglich. Für die Ausstellung im
Hofgebäude: So und Fr 10–12 Uhr und 14–17 Uhr

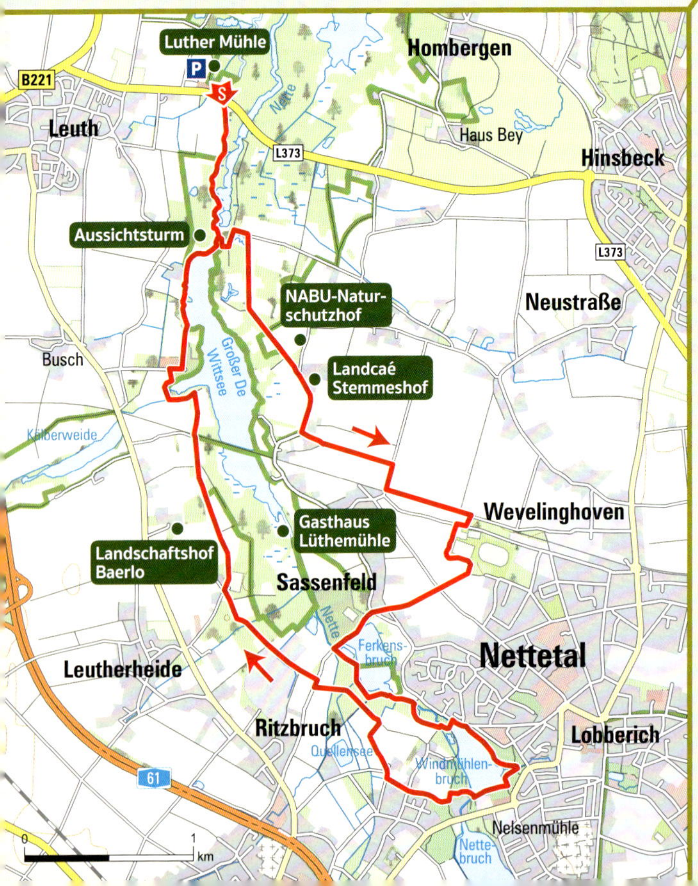

ANFAHRT
Pkw (Navi): Hinsbecker Straße 34, 41334 Hinsbeck

ÖPNV
Es besteht keine direkte Anbindung an den ÖPNV.

WANDERN
„Wasser.Wander.Welt" Premium-Wanderweg Netteseen
Start: Parkplatz an der Leuther Mühle
Länge: 11,6 Kilometer
Infos zu weiteren Wanderungen im Naturpark
Maas-Schwalm-Nette unter: www.wa-wa-we.eu/de

EINKEHREN
Landcafé Stemmeshof
Sassenfeld 200
41334 Nettetal
Tel. 02153-895 01
www.stemmeshof.de
Öffnungszeiten: März–Okt. Fr 14–19 Uhr, Sa 12–19 Uhr,
So 10–19 Uhr, Nov. bis Ende Feb. Sa 14–18 Uhr, So 10–18 Uhr

Lüthemühle
Lindenallee 50
41334 Nettetal
Tel. 02153-958 36 90
www.luethemuehle.de
Öffnungszeiten: Mo–So 8–23 Uhr

Café & Restaurant „De Wittsee"
Am Witt-See 25
41334 Nettetal-Leuth
Tel. 02157-138 56 16
Öffnungszeiten: Mo–Di und Do–Sa 12–21 Uhr,
So und an Feiertagen 11–21 Uhr, Mi Ruhetag

ÜBERNACHTUNGSMÖGLICHKEITEN
Ferienwohnung im Landcafé Stemmeshof (siehe „Einkehren")
Hunde sind gerne gesehen, allerdings nur ein Hund pro Wohnung.

Camping De Wittsee
Am Wittsee 23
41334 Nettetal-Leuth
Tel. 02839-998 98 98
www.camping-dewittsee.de
Hunde sind willkommen

Tour 10

Zwischen Stahl und grüner Aue

Mit Hetti ins Eisenbahnmuseum Bochum-Dahlhausen

Lokomotiven, Güter- und Spezialfahrzeuge sowie Reisezugwagen aus über Hundert Jahren Eisenbahngeschichte beherbergt das Bochumer Eisenbahnmuseum: vom luxuriösen Speisewagen über spartanisch ausgestattete Vierte-Klasse-Wagons bis zum Hundetransportabteil. Die breite Vielfalt an Exponaten begeistert nicht nur Eisenbahnverliebte. Highlight ist die Fahrt mit einem der Züge. Ob es nun an besonderen Eisenbahntagen die Dampflok ist, der lustig anzusehende Schienenbus oder die Feldbahn – der Hund ist immer mit dabei.

Kirsten Schönenborn

Die circa zehnjährige Hündin Hetti, ein Border-Collie-Mix, wurde als junger Hund in den Straßen Griechenlands aufgelesen und gelangte über den Tierschutz nach Nordrhein-Westfalen zum Tierheim Kürten. Dank ihres jugendlichen Alters und der einnehmend großen, dunklen Augen war die Vermittlung ein Leichtes. Einfach auf den Rücken legen, die langen Pfoten durch die Gitterstäbe strecken, unglücklich gucken und schon schmolz Kirsten und Franks Herz dahin. Liebe auf den ersten Blick! Aber es war viel Arbeit, der Freiheit gewohnten Hetti ihren Platz im gemeinsamen Rudel mit ihren Menschen zu zeigen und klarzustellen, dass Jagen hier nicht erwünscht ist. Agility war die Lösung, um die kluge Hündin geistig zu beschäftigen und ihre Bindung zum Menschen zu festigen. Gerne und vollkommen unkompliziert geht Hetti mit auf Reisen. Sobald die schwarze Reisedecke eingepackt wird, weiß sie, es geht wieder los. Wandern, Zelten, Ausflug, Strand oder Berge: Hauptsache sie ist mit ihren Menschen unterwegs!

Züge und Bahnhöfe haben für viele Menschen ein besonderes Flair. Verbindet man doch damit tränenreiche Abschiede, herzliche Willkommensküsse, aber auch den Traum von aufregenden Reisen in ferne Länder; besonders in früheren Jahren, als der Reisezug noch die einzige Möglichkeit war, die weite Welt zu besuchen. Damals hatten Züge noch Namen wie Ostende-Wien-Express, Rheingold oder Orientexpress – der gelangte durch Agatha Christies Krimi sogar zu literarischem Ruhm. Eine große Sammlung nostalgischer Eisenbahnrelikte ist der Schatz des Eisenbahnmuseums in Bochum-Dahlhausen, das Hetti mit Herrchen Frank und den drei Neffen Elias, Leander und Joshua heute besichtigt.

Diese größte private Sammlung zum Thema Eisenbahn befindet sich auf dem circa 46 000 Quadratmeter großen ehemaligen Bahnbetriebswerk, das unter Denkmalschutz steht. Über 120 Exponate, vom klassischen Dampfzug bis zum modernen (Dreh-)Stromantriebfahrzeug, sind hier seit 1968 zusammengekommen und werden von über 100 ehrenamtlichen Mitarbeitern instandgehalten. Gespannt, was uns erwartet, gehen wir hinter der Kasse durch einen alten Warteraum hinaus auf das Bahnhofsgelände. Die Jungs bestaunen die riesige schwarze Dampflok, während Hetti die Hundebar mit frischem Wasser entdeckt hat.

Mit der Feldbahn über das Museumsgelände

Als Erstes lockt eine Feldbahn zur bequemen Rundfahrt. Es rumpelt ganz schön, es dampft und qualmt. Hetti schaut gespannt umher. Mittelpunkt des heutigen Museumsgeländes ist, zusammen mit der Drehscheibe, der Lokschuppen des alten Betriebswerks. Zahlreiche Dampf- und Dieselloks stehen hier und sind teilweise dank angelehnter Treppen sogar von innen zu bestaunen.

Wir bummeln weiter zur Fahrzeughalle 1, die direkt dahinter liegt. Hier befindet sich ein entkernter Wagen, bei dem nur das Gerippe seiner hölzernen Konstruktion zu sehen ist. Aber ein Lokus ist noch da, der wenig mit den Edelstahlschüsseln unserer Hightech-Bahnen gemein hat. Nostalgie pur, wie auch im restaurierten **Personenwagen der Königlich-Preußischen-Eisenbahn**. Die Abteile sind

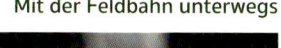

Mit der Feldbahn unterwegs

in vier Klassen eingeteilt, außerdem in Bereiche für Raucher und Nichtraucher, und es gibt sogar extra Frauenabteile. Ein Schild fällt auf: „Zur Förderung der öffentlichen Gesundheitspflege wird dringend ersucht, nicht in den Wagen zu spucken." Die Ausstattung ist sehr unterschiedlich. Hat die „Holzklasse", wie der Name schon sagt, nur einfache Holzbänke, so sind in den oberen Klassen die Abteilwände kleiner, mit Holz vertäfelt und verfügen über Samtvorhänge. Die Sitze sind bequem gepolstert und die Gepäcknetze sehen aus wie von Hand gehäkelt.

Im grünen Lodendress mit Flinte und Hund

Wir kommen zu einem Bahnpostwagen namens „Mainz 3912" aus dem Jahr 1926. In der integrierten Sortierstation hatte der Kurierdienstbeamte seinen Arbeitsplatz und verteilte Langbriefe, Kurzbriefe, Päckchen und Pakete in die dafür vorgesehenen Fächer und Säcke. Anderthalb Millionen Kilometer ist dieser Wagen auf Gleisen gereist.

Und dann kommt etwas für Hetti: ein Hundeabteil. Doch die Ausstattung scheint nicht nach Hettis Geschmack zu sein. Auch die Familie kann sich nicht vorstellen, von der Hündin getrennt zu reisen.

Hier ist Muskelkraft gefragt.

Links: Die schwarze
Dampflok macht
Pause.
Rechts: Wie lange
wohl?

NICHT VERGESSEN: DAS ERSTE-HILFE-PAKET

Bei längeren Touren empfiehlt es sich, ein Notfallpaket zur Ersten Hilfe dabeizuhaben. Dazu gehören Mullkompressen und sterile Wundauflagen, Gazeetupfer und ein antiseptisches Spray oder Salbe zur Wunddesinfektion. Verband, Heftpflaster und Schere oder ein selbsthaftender Verband zur äußeren Fixierung dürfen ebenfalls nicht fehlen. Nicht zu vergessen eine Zeckenzange und eine Krallenschere, denn schnell ist mal eine Kralle angerissen. Eine Pinzette, um zum Beispiel einen Stachel zu entfernen, ist nützlich. Jeder Hundehalter sollte sich etwas mit der Ersten Hilfe bei Hunden auskennen, doch bei ernsthaften Verletzungen oder plötzlichen Erkrankungen gehört der Hund zum Tierarzt.

Das **Hundeabteil** wurde Anfang des letzten Jahrhunderts eingeführt, da Hunde zu dieser Zeit nicht in den Personenwagen mitgenommen werden sollten. Pro Zuggepäckwagen wurden mindestens zwei Hundeabteile eingebaut. Ein Grund war, dass Jäger gern mit dem Zug fuhren. Wahrscheinlich handelte es sich vor allem um ehrenamtliche Jagdpächter, die im Lodendress mit Flinte, Rucksack und Hund ins Grüne fuhren, denn Berufsförster wohnten als Beamte vorwiegend reviernah. Dokumente bezeugen, dass im Jahr 1921 genau 2 015 404 Hunde befördert wurden. Aus Gründen des Entgegenkommens gestattete die Hauptverwaltung ab 1931 Reisenden die Mitführung von Hunden in D-Zügen.

Hier darf gelaufen werden.

HUNDEWIESE WITTEN-HERBEDE

Ein weiteres hundefreundliches Ausflugsziel liegt nur 30 Autominuten vom Eisenbahnmuseum entfernt. Eine Hundewiese direkt an der Ruhr und nahe dem Kemnader See verspricht leinenfreien Hundespielspaß in wunderbarer Umgebung. Zwei Kilometer lang ist der Rundweg um das Areal, eine Seite ist mit einem Zaun zur Inlineskater-Bahn abgegrenzt. Auf der anderen Seite fließt die Ruhr. Sanft geht es in den hier strömungsarmen, flachen Fluss hinein. Ein leichter Einstieg für wasserliebende Hunde. Auch über einen Mangel an Spielkameraden kann sich kein Hund beklagen. Hier ist eigentlich immer jemand da zum Toben. Am Wochenende kann es jedoch schon mal voll sein.

Links: Bahnhofsarbeiten
Rechts: Hundebar, wie
wunderbar

Reisen macht hungrig

Mit der steigenden Anzahl
der Fernzüge wuchs auch
die Zahl der Reisenden; vor
allem Geschäftsleute, Indu-
strielle und andere betuchte
Menschen nahmen die Bahn. Man
fuhr längere Strecken und verbrachte
teils zehn bis zwölf Stunden im Zug. Auf den größeren
Komfortanspruch musste die Bahn reagieren. Es wurden
Liege-, Schlaf- und Speisewagen gebaut und in Betrieb
genommen. Ein 1908 in Dienst gestellter Speisewagen,
gemeldet bei der königlichen Eisenbahndirektion Berlin
mit der Betriebsnummer 1883, steht unweit der Gleise.
Daneben, auf den Biertischgarnituren unter der Bahn-
hofsuhr, breiten wir unser Picknick aus. Dazu ziehen wir
Getränke aus dem Automaten in der Bahnhofswartehal-
le und Hetti bekommt Wasser und einige Kauknochen.
Bei Kaffee, Brötchen und Ei beobachten wir den Schienenbus, der nach seinem Aussehen liebevoll „Schweine-
schnäuzchen" genannt wird. Der historische Wismarer
Schienenbus verkehrt an Sonn- und Feiertagen mindestens einmal die Stunde auf der S-Bahn-Strecke Bochum-Dahlhausen – Eisenbahnmuseum. So lässt es sich
stilecht anreisen.

Elias, Leander und Joshua wollen lieber mit der Draisine fahren und müssen nach fachkundiger Anleitung den Hebel kräftig hoch und runter bewegen, um Fahrt aufzunehmen. Das ist Hetti allerdings unheimlich. Lieber spaziert sie mit Frank nebenher. Diese **Handhebel-Draisine** wurde circa 1870 gebaut, um Streckenarbeiter mit ihren Werkzeugen zu den Baustellen zu transportieren. Für die Dauer der Arbeit konnte das Fahrzeug mit Handgriffen, die an den Enden der Bodenplatte befestigt sind, vom Gleis gehoben werden.

Wenn ein Salonschlafwagen erzählen könnte

Ein besonders geschichtsträchtiger Salonschlafwagen steht in der **Wagenhalle 2.** Angeschafft 1937 von der deutschen Reichsbahn, war er Dienstzug der Reichsregierung, also des damaligen Diktators. Darin ausgestellt: ein Gesellschaftsspiel mit dem Namen „Wehrschach Tak-Tik" von 1940. Vor allem zum Zeitvertreib für Soldaten war das Brettspiel von der „Wehrschach-Sportleitung" aus Berlin gedacht. Die Spielfiguren stellen Jagdflieger, Panzer und Granaten dar. 1945, nach Kriegsende, wurde der Schlafwagen General Eisenhower zur Verfügung gestellt. Später nutzten ihn deutsche Bundespräsidenten zu Staatsbesuchen, und so wurde unter Präsident Heinrich Lübke zum Besuch der britischen Königin Elisabeth II. im

Eisenbahnbrücke über die Ruhr

Mai 1965 extra eine Dusche eingebaut. Fotos zeigen den iranischen Herrscher Schah Reza Pahlavi und Präsident Gustav Heinemann 1969, Willy Brandt 1970 beim Interview an der Tür des Salonwagens sowie Walter Scheel 1974. Ach, könnte dieser Wagen doch aus dem Nähkästchen plaudern! „Da sind nur Bundespräsidenten und andere Berühmtheiten eingestiegen", erklärt Frank seinen Neffen. „Für normale Leute wie uns war das nichts und für griechische Straßenhunde schon gar nicht."

Eine weitere Besonderheit in Wagenhalle 2 ist ein extrem maroder Wagen. Er wurde in einer Neusser Firma gefunden, vor Ort vermessen und gezeichnet. Trotz akribischer Detektivarbeit wie Farbe-Ablösen und Entrosten, um Aufschriften zu finden, ist man nicht sehr weit gekommen. Gesichert ist nur, dass der Wagen aus England stammt. So spannend kann Museumsarbeit sein.

Jetzt aber gibt Hetti Gas. Zwischen Museum und Parkplatz beginnt ein schmaler Pfad, der unter den Museumsgleisen entlang direkt in die malerische **Ruhraue** führt. Platz, um Hetti toben zu lassen und dem geliebten Ballspiel zu frönen. Die Kanuten schippern auf dem Fluss und zahlreiche Fahrradfahrer radeln auf der gut ausgebauten Uferstrecke. Kaum zu glauben, dass man sich hier im Ruhrpott befindet.

Oben: Hier drin waren
unzählige Briefe
unterwegs.
Unten: Kuscheln
zwischen Zügen

DEUTSCHE   BUNDESPOST

SERVICE

Eisenbahnmuseum Dahlhausen
Dr.-C.-Otto-Straße 191
44879 Bochum
Tel. 0234-49 25 16
www.eisenbahnmuseum-bochum.de
Öffnungszeiten: März bis Mitte Nov. Di–Fr sowie an
Sonn- und Feiertagen 10–17 Uhr, letzter Einlass 16 Uhr,
Winterpause von Mitte Nov. bis Ende Febr.
Eintritt: Erw. 7,50 Euro, Kinder (6–14 Jahre) 4,- Euro,
Familien 19,- Euro,
Gruppenermäßigung ab 10 Personen. An Museumstagen
gelten abweichende Preise.

Veranstaltungen und Sonderfahrten
Termine unter www.eisenbahnmuseum-bochum.de
• Workshop – ein Blick hinter die Kulissen
• Kindertage – große Technik für kleine Gäste
• Museumstage – ein echtes Eisenbahnerlebnis
• Mitfahrt auf dem Lokführerstand
• Extraschicht – „Kultur im Lokschuppen"
• Schienenbusfahrten auf dem „Teckel"

Hundewiese Witten-Herbede
Ruhrtal 1
58456 Witten

ANFAHRT
Pkw (Navi): Dr.-C.-Otto-Straße 191, 44879 Bochum

ÖPNV
Anreise bis S-Bahn Bochum-Dahlhausen: S 3 aus Richtung Ober-
hausen/Essen/Hattingen, Straßenbahn-Linie 318 aus Richtung
Bochum Hbf., Buslinie 345 aus Richtung Bochum Hbf., Buslinie
390 aus Richtung Hagen oder Ruhrtalbahn aus Richtung Hagen.
Ab Dahlhausen Bf. Buslinie 357 oder 358 bis Haltestelle „Am
Ruhrort". Von dort zehn Minuten Fußweg entlang der
Dr.-C.-OttoStraße.
Fußweg zum Eisenbahnmuseum ab Dahlhausen Bf. circa
1,5 Kilometer.
Eine stilechte Anreise ist an ausgewählten Tagen mit dem
Schienenbus oder Dampfzug der Ruhrtalbahn möglich.

RuhrtalBahn
Informationen zur nostalgischen (An)Reise
mit Dampfzug und Schienenbahn
www.ruhrtalbahn.de

EINKEHREN
Picknickmöglichkeiten auf dem Museumsgelände

Tour 11

Jerry taucht ab in ein Meer ohne Wasser

Das Felsenmeer Hemer im Sauerland

Ein Panoramaweg auf Stelzen führt durch ein Meer ohne Wasser im Märkischen Kreis, wo Steine in wilder Anordnung zu bestaunen sind und Legenden von Zwergen und Riesen die Runde machen. Während tief unter der Erde die Höhlenhyäne Olga ihre Tropfstein-Schätze bewacht, spazieren oberirdisch Hunde und Menschen durch das steinige Naturschutzgebiet.

Jerry ist ein circa acht Jahre alter Japan-Chin-Mix: eine traditionsreiche japanische Rasse, die besonders in höheren Gesellschaftskreisen und beim japanischen Adel beliebt war. Hier galt, je kleiner, desto wertvoller der Hund. Doch aus edlem Umfeld kommt Jerry ganz und gar nicht. Er wurde verwahrlost und abgemagert in einem Container in der Nähe eines Pferdezirkus entdeckt. Da ihn keiner haben wollte, wäre das Tierheim seine nächste Station gewesen, wenn da nicht die Reiterin Sabine und ihre Tochter Isa gewesen wären. Isa drängte ihre Mutter, den süßen kleinen Hund doch zu retten, also wurde er kurzentschlossen mitgenommen. Erstmal ging es zum Tierarzt, um die verklebten Augen zu behandeln und das Ungeziefer zu bekämpfen. Es war ein langer Weg, bis aus dem Häuflein Elend der kleine und doch so selbstbewusste Rüde von heute geworden war. Große Zahnprobleme, Anpassungsschwierigkeiten und ein unerwünschtes Machogehabe wurden bekämpft. Trotz seiner geringen Größe kann er zwei bis drei Stunden laufen. Er ist freundlich und aufgeschlossen gegenüber allen Hunden und Menschen und alles andere als ängstlich. Nach Aussage eines anderen Hundehalters ein „kleiner Hund mit dem Herzen eines Löwen!".

Das Felsenmeer Hemer im Märkischen Kreis ist ein kleines Naturschutzgebiet mit herausragender naturhistorischer, erdgeschichtlicher und kulturhistorischer Bedeutung. Was es dort zu sehen gibt, erkundet Sabine mit ihrem 3,9 Kilogramm schweren „Löwenhund" Jerry. Wir starten den Ausflug am Parkplatz Deilinghofen, der gleichzeitig Eingang zum Sauerlandpark ist. Hier auf dem stillgelegten Gelände der Blücher-Kaserne fand nach aufwendigen Baumaßnahmen die Landesgartenschau 2010 statt. Anschließend errichtete die Stadt Hemer auf dem Areal den Sauerlandpark mit verschiedenen Themen für Jung und Alt. Leider dürfen Hunde nicht hinein und können den Jübergturm, das Wahrzeichen des Parks, nur aus der Ferne sehen. Egal – mit Sabine und Jerry überqueren wir die Straße und folgen der Beschilderung durch die Felder in Richtung Felsenmeer. Der auf einer Infotafel beim Zugang ausgewiesene **Panoramaweg** erschließt die schönsten Bereiche und die eindrucksvollsten Aussichtspunkte.

König Alberichs Fluch

Vor etwa 385 Millionen Jahren, im Devon, lag hier ein riesiges Korallenriff. Zu dieser Zeit entstand ein dichter Kalkstein, das Gestein des Felsenmeeres. Spuren der einstigen Riffbewohner sind in Form von Versteinerungen in den Felsen zu entdecken: von Korallen, Muscheln, Tintenfischgehäusen und anderen Kleinstlebewesen. Allerdings noch keine von Hunden, denn ihren Urvater, den Wolf, hat die Evolution erst vor rund 2,5 Millionen Jahren hervorgebracht. Entstanden ist das Felsenmeer durch sogenannte Verkarstung und anschließende Höhleneinstürze, denn seit dem 8. Jahrhundert wurde hier Bergbau betrieben und Eisenerz abgebaut. Neben den wissenschaftlichen Erklärungen ranken sich auch einige Sagen um die Entstehungsgeschichte dieser Landschaft. Einer Erzählung nach soll es sich bei den zahlreichen Felsen um die Überreste einer gigantischen Zwergenhöhle handeln. Der mächtigste aller Zwerge, König Alberich, hatte hier das Zepter in der Hand und befehligte seine fleißige Zwergenschar. Von Arbeit besessen gruben die kleinen Bergmänner immer tiefere Stollen in die Erde, um nach Silber und Gold

Ehemaliges Erzabbaugebiet

zu schürfen. Sie statteten ihre Höhlen kostbar aus und schmiedeten kunstvolle Schätze aus edlem Metall mit funkelnden Edelsteinen. Es begab sich, dass eines Tages der Riese Wuppert durch die Gegend zog und das goldene Krönchen von König Alberichs Sohn fand. Der Riese brachte es den Zwergen zurück und verlangte eine üppige Belohnung. Doch bekanntlich hängen Zwerge sehr an ihren Schätzen und so warfen sie Wuppert nur ein altes Steckenpferd vor die Füße. Das erzürnte den Riesen maßlos, und gemeinsam mit weiteren Riesen wütete er in den Höhlen und Schmiedewerkstätten. Als die Zerstörung kein Ende nahm, sprach Alberich einen Zauberspruch, ließ alle Höhlen einstürzen und der Riese Wuppert wurde unter Tausenden Gesteinsbrocken begraben. So entstand das Felsenmeer – sagt man. Jerry würde die Sage vom Zwerg Alberich bestimmt gefallen. Auch er wird nicht gern unterschätzt, ist er doch ein selbstbewusster Rüde in den besten Jahren.

Links: Felsen über Felsen, rechts: Jerry gibt Gas.

Gut markierte Wege

Naturschutz wird groß geschrieben!

Das Felsenmeer mit seiner großen Vielfalt bietet unterschiedlichsten Pflanzen und Tieren Nahrung und Lebensraum, so auch seltenen Vögeln, Säugetieren, Reptilien und Kleinstlebewesen. Die Fledermaus findet hier in der Dämmerung ein gutes Jagdgebiet. Unter all den Tieren würde Jerry gar nicht auffallen, aber im Naturschutzgebiet herrscht natürlich Leinenzwang. Wir treffen Birgit, Jahrgang 1960, die uns von Kletterpartien durch das Felsenmeer ihrer Kindheit erzählt. Damals waren die Steine noch blank und Kindergärten und Schulen veranstalteten Ausflüge mit Klettereien im Felsenmeer – heute unvorstellbar! Das gesamte Gebiet hat sich durch dichteren Baumbestand verändert. Viele tiefe Klüfte und Spalten, nur leicht abgedeckt mit losem Zweigwerk und nassem, rutschigem Laub, wirken oft harmlos, sind aber lebensgefährlich! Gleichwohl gilt es, dieses empfindliche Ökosystem zu bewahren. Schon seit 1968 steht das Felsenmeer unter Naturschutz und trägt seit 2005 das Prädikat „Bedeutendes geologisches Denkmal Deutschlands". Sabine und Jerry wandern über gut ausgebaute Wege und bestaunen die bizarren Steinformationen. Besonders nah an die Felsen gelangt man über einen Steg und eine Aussichtsplattform, die im Zuge der Landesgartenschau angelegt wurden. So kann man gefahrlos in die stark bemoosten Spalten schauen. Farne, Waldmeister, Hexenkraut, Bergsegge und Waldveilchen gedeihen am Boden, während Vererzungen und Mineralbildungen einzelne Felsen zieren.

Unter Tage – tief unter dem Felsenmeer

Das ehemalige Erzbergbaugebiet wurde in drei Bereiche eingeteilt, die natürlich nur oberirdisch zu sehen sind: „Am grauen Ort", „Kleine Helle" und „Große Helle". Allein an der Großen Helle existieren bis heute 20 ehemalige Schachtöffnungen. Die beeindruckende **Heinrichshöhle** verführt zu einem Ausflug unter Tage. Ihr Namensgeber Heinrich von der Becke erforschte die Tropfsteinhöhle 1812. Heute ist sie wunderbar illuminiert, und neben den Tropfsteingebilden sind zahlreiche Knochenfunde zu sehen, die von eiszeitlichen Tieren stammen, unter ihnen Höhlenbär, Riesenhirsch, Mammut, Wollhaarnashorn und Höhlenhyäne. Eine ausgestopfte Urhyäne, liebevoll Olga getauft, beeindruckt sogar den sonst so tapferen Jerry, der sich gerade auf Sabines Arm sichtlich wohl fühlt.

Noch ein Tipp zum Abschluss: Ein Besuch des Felsenmeers in der „blattlosen" Jahreszeit garantiert deutlich bessere Einblicke in die wild zerklüftete Felsenlandschaft.

Links oben: Eine Brücke durch die Steine
Links unten: Sabine und Jerry
Rechts: Hoch über den Felsen

HUND IST HUND: EGAL OB GROSS ODER KLEIN!

Kleine Hunde werden gerne unterschätzt und für eine Art lebendes Plüschtier gehalten, was schnell zu fatalen Unsitten führen kann: Ein kleiner Hund kann einen genauso dominanten Charakter haben wie seine großen Kollegen und braucht daher auch die gleiche konsequente Erziehung. Auch sollten die Kleinen nicht als Schmuseobjekt für jedermann herhalten. Toll finden sie es nämlich nicht, von jedem Unbekannten geknuddelt zu werden. Und wenn sie dann ihren Unmut mit den (wenn auch kleinen) Zähnen kundtun, ist das Entsetzen groß.

Oben: Eine der vielen
scharfen Felskanten
Unten: Hilfreiche
Informationstafeln
stehen überall.

SERVICE

Felsenmeer Hemer
Deilinghofer Straße
58675 Hemer

Heinrichshöhle
Felsenmeerstraße 7
58675 Hemer
Tel. 02372-615 49
www.heinrichshoehle.de
Die Öffnungszeiten sind je nach Jahreszeit unterschiedlich
und daher am besten der Internetseite zu entnehmen.
Eintritt: Erw. 4,- Euro, Kinder (3–15 Jahre) 3,- Euro, Ermäßigung für
angemeldete Gruppen ab 15 Personen. Hunde sind je nach Anzahl
und Größe ggf. erlaubt. Die Entscheidung trifft das Personal.
Wartende Hunde bekommen Wasser und einen ruhigen Platz und
werden betreut.

Weitere Informationen zu Felsenmeer und Heinrichshöhle
unter www.hiz-hemer.de oder im
Felsenmeer-Museum
Hönnetalstraße 21
58675 Hemer
Tel. 02372-164 54
www.felsenmeer-museum.de

ANFAHRT
Pkw (Navi): Deilinghofer Straße, 58675 Hemer
Kostenloser Parkplatz am Sauerlandpark, Eingang Deilinghofen

ÖPNV
Von Hemer Bf. mit dem Bürgerbus Linie C, der „Felsenmeerlinie",
bis Haltestelle „Felsenmeer". Fahrplan beim „Bürgerbus Hemer e.V."

EINKEHREN
Gaststätte „Mettgenpin"
Hönnetalstraße 7
58675 Hemer
02372-20 70
www.mettgenpin-hemer.de

ÜBERNACHTUNGSMÖGLICHKEITEN
DVG-Hotel Garni „Sauerland"
DVG – Deutscher Verband der Gebrauchshundesportvereine
Ennertsweg 51
58675 Hemer
Tel. 02372-55 59 80
www.dvg-hundesport.de

Tour 12
Sonne, Mond und Sterne

Der kleine Bruno und die große Halde Hoheward

Wie ein Ausflug auf einen anderen Planeten, futuristisch und irgendwie der Welt entrückt, wirkt diese Tour zur Halde Hoheward. Auf zahlreichen Wegen können sich Hund und Mensch das riesige Areal erschließen, ein Promenadenweg führt rundherum, und wer mag, wählt den steilen direkten Aufstieg auf das Dach der Halde. Gut für Hunde mit viel Kraft und Energie. Oben ist Gelegenheit für Muße, die Beschäftigung mit Zeit und Raum und einen entspannten Blick über das grandiose Ruhrgebietspanorama. Und am Schluss gibt's eine Rast in einem Hundeparadies obendrauf.

Kerstin Goldbach

Er steckt voller Tempe-
rament und Energie, ist
neugierig und unterneh-
mungslustig, aber auch
ein großer Charmeur. Ein
feuriger Ungar eben, denn
der dreijährige Bruno ist
durch eine Tierschutzorganisation aus der Tötungssta-
 on eines ungarischen Tierheims
gerettet und nach Deutschland vermittelt worden. Er fand sein neues Zuhau-
se bei dem damals 17-jährigen Tobias. Am Anfang war es
schwer mit Bruno, denn er machte alles kaputt, was er zu
packen bekam: Schuhe, Brillen, Möbel ... Doch mittlerweile ist er ruhiger geworden und weiß, dass es Gegenstände gibt, die er nicht anrühren darf. Welche Rassen in dem
kleinen Racker stecken, weiß man nicht genau, vermutlich Entlebucher Sennerhund und Dackel, vielleicht auch
Beagle. Ein hübscher Mischling ist Bruno allemal. Unwi-
derstehlich findet ihn auch Tobias' Freundin Louisa.
Kein Wunder, denn keiner setzt den Hun-
deblick so gekonnt ein wie er.

Ganz hoch hinauf möchten Tobias und Louisa heute mit Bruno, denn als Sonntagsausflug haben sie
sich die imposante Halde Hoheward ausgesucht.
Sie erstreckt sich zwischen den Städten Herten, Recklinghausen und Herne und bildet mit der benachbarten
Halde Hoppenbusch auf rund 240 Hektar die größte
Haldenlandschaft Europas. Auf dem Plateau – 152 Meter über Meeresniveau – befinden sich die Highlights des
Areals: das Horizontobservatorium und die Sonnenuhr.

Ein bequemer Weg, die Halde zu erkunden, ist die circa
sechs Kilometer lange **Balkon-Promenade**, ein Rundweg,
der einmal um das Gelände herumführt und immer wieder spektakuläre Fernsicht ermöglicht.

Los geht's an der Zeche Ewald. Hier befindet sich auch
das Besucherzentrum des „Landschaftsparks Hoheward",
so der offizielle Name des riesigen Freizeitareals. Vom

Parkplatz gehen wir schnurstracks auf die Treppe zu, die uns hinaufführt zum Beginn der Promenade. Weil das Gelände barrierefrei gestaltet ist, lässt sich die steile und pfotenunfreundliche Treppe auf einem Serpentinenweg umgehen. Von oben genießen wir den Blick auf die denkmalgeschützte Architektur der Zechenanlage. **Zeche Ewald** war von 1872 bis ins Jahr 2000 in Betrieb. Heute haben sich hier zahlreiche Unternehmen angesiedelt. Zudem beherbergt sie neben dem **Besucherzentrum** das Travestietheater „Revue-Palast" und einen schönen Biergarten. Eine Besonderheit der Anlage bilden die drei verschiedenen zeittypischen Fördergerüste, der gemauerte Malakowturm von 1888, das bereits freistehende Stahlgerüst von 1892 und das moderne Doppelbockfördergerüst aus dem Jahr 1955 – für Ingenieure und Industrieromantiker ein durchaus anregender Anblick.

Da der Weg auf der Balkon-Promenade breit ausgebaut und gut beschildert ist, ist eine Karte eigentlich nicht notwendig. Aber wer mag, holt sich vorher im Besucherzentrum einen Flyer mit dem Wegenetz. Insgesamt elf „Balkone" liegen entlang der Strecke. Wer sie betreten will, sollte schwindelfrei sein, denn sie haben nur einen Gitterboden, der den Blick in die Tiefe freigibt. Nichts für Hunde, deshalb ignorieren wir Balkon Nummer 1 und die etwas darüber befindliche **Ewald-Empore**, denn das Ziel ist der Gipfel und da gibt's Panoramablick vom Feinsten und sicheren Boden unter den Pfoten.

Streicheleinheiten für Bruno vor dem Aufstieg zur Halde

Die Promenade macht ihrem Namen alle Ehre, denn auf dem breiten, ebenen Weg treffen sich Spaziergänger, Jogger, Radfahrer, Kinder und viele Hunde. Ein munteres Stelldichein. Aus der eigentlich tristen Haldenlandschaft, entstanden aus 180 Millionen Tonnen Abraum der umliegenden Zechen, ist ein Freizeitparadies geworden und ein Beispiel für den gelungen Strukturwandel im Revier.

Die Zeche Ewald mit dem modernen Doppelbockfördergerüst und dem freistehenden Strahlgerüst aus dem Jahr 1892 (rechts)

Der gemauerte Malakowturm ist der älteste
der drei Fördertürme der Zechenanlage.

Das Stonehenge des Ruhrgebiets

Ein Schild weist uns bald den Weg zum Horizontobservatorium und dann geht's hinauf. Je nach Kondition von
Vier- und Zweibeinern entweder auf dem direkten, aber
steilen Weg über rund 500 Stufen oder auf gemächlich
hin und her schwingenden Serpentinen. Schon beim Aufstieg kommen die eleganten Stahlbögen des Observatoriums in den Blick, die beim Nähertreten immer giganti-
scher werden. Oben angekommen fühlen wir uns wie auf
einer großen Wolke, eine riesige Plattform und ein gran-
dioses Panorama breiten sich vor uns aus. Still ist es hier,
die Welt unter uns scheint weit entfernt. Ein perfekter Ort,
um über Raum und Zeit nachzudenken, und dazu bietet
das **Observatorium** beste Möglichkeiten. Es beruht auf
dem gleichen Prinzip wie die Steinkreise im englischen
Stonehenge. Die 43 Meter hohen Bögen, die den Meridian
und den Himmelsäquator darstellen, sind so zur Sonne
ausgerichtet, dass der Lauf der Gestirne betrachtet und
damit auch die Zeit bestimmt werden kann. Die Platt-

Links:
Aufstieg zum
Observatorium
Links oben: Pflanzen
erobern Zechenrelikte.
Rechts: Endspurt zum
Gipfel der Halde

form dient dabei als künstlicher Horizont. Wie genau die Zeitmessung funktioniert, darüber geben Infotafeln Auskunft. Aufgrund von Rissen in den Bögen ist der zentrale Bereich des Observatoriums jedoch auf unbestimmte Zeit nicht begehbar. Hobbyastronomen müssen sich deshalb noch etwas gedulden. Aber auch ohne exakte Zeitmessung ist das Haldendach ein fantastischer Ort. Mit dem Ruhrgebiet zu Füßen bekommt man hier oben von dem Lärm und der Geschäftigkeit der Städte nichts mit. Manche kommen hierher, um einfach in Ruhe ein Buch zu lesen, andere erkunden die Halde bei einer geführten Segway-Tour oder erklimmen das Plateau sportlich mit dem Fahrrad. Hier oben aber sind alle ergriffen von diesem besonderen Ort. Nur Bruno nicht, denn sein Energievorrat ist noch nicht erschöpft, also lassen wir ihn noch ein bisschen laufen und auf geht's zur nächsten Station.

MEIN TIPP

Natürlich sind nicht alle Hunde so fit wie Bruno. Aber auch für ältere oder körperlich eingeschränkte Tiere ist der Landschaftspark Hoheward toll – ich bin dort sogar schon einmal in Begleitung einer dreibeinigen Hündin gelaufen. Ihr kennt euren Hund am besten und wisst bestimmt, welche der vielen Routen für ihn geeignet ist. Schätzt die Kondition eures Hundes (und auch die eigene!) ehrlich ein. Es soll ja kein Marathonlauf werden, sondern ein schöner gemeinsamer Ausflug! Falls ihr euch unsicher seid, fangt ihr am besten mit einer kürzeren Runde an. Durch die Anordnung der Wege könnt ihr die Strecke jederzeit noch ein bisschen verlängern. Und was den Ausblick angeht: Der ist nicht nur oben grandios, sondern auch schon viel weiter unten.

Elegant spannen sich die Bögen des Observatoriums über das Haldendach.

Kontrastreich

Etwas unterhalb des Observatoriums befindet sich ein Obelisk mit der **Sonnenuhr**. Sie dient der Bestimmung der Wahren Ortszeit, welche von der Mitteleuropäischen Zeit abweicht, denn die richtet sich nach dem Stand der Sonne auf dem 15. östlichen Längengrad. Zum Ablesen sind auf dem Plateau die Stundenlinien sowie die gekrümmten Datumslinien eingelassen. Den Eintritt der Sonne in die einzelnen Tierkreiszeichen zeigen Metallplatten mit den entsprechenden Symbolen an. Dieses Sonnenuhr-Arrangement wirkt sehr edel und elegant, besonders der filigrane Obelisk bildet einen schönen Kontrast zu der alten Zechenanlage Recklinghausen II, die sich im Hintergrund erstreckt.

Mit der Wahren Ortszeit im Gepäck wandern wir weiter. Brunos Kraftreserven sind noch nicht erschöpft und er läuft munter mit uns mit. Auf Zickzackwegen gelangen wir erneut auf die Promenade, der wir nun weiter folgen könnten, bis wir wieder am Ausgangspunkt bei der Zeche Ewald angelangt sind. Dort lohnt ein abschließender Rundgang durch das Zechengelände und bei schönem Wetter eine Rast im **Biergarten** am Fuß des Malakowturms.

Meilenweit für einen Hundekeks

Wir entscheiden uns jedoch für einen alternativen Weg und wandern hinab zur **Drachenbrücke**. Die Stahlkonstruktion in Form eines Drachens überspannt die Cranger Straße und führt hinüber zur **Ring-Promenade**. Diese leitet uns am Rand der Halde auf breiten Wegen ebenfalls zurück zur Zeche Ewald. Allerdings ist diese Strecke im letzten Stück etwas vom Lärm der A 2 beeinträchtigt, aber schließlich sind wir ja mitten im Pott. Am Zugang zum Observatorium erreichen wir auch das **Restaurant-Café „Am Handweiser"**. Diese für Hunde interessante Lokalität ist das Stammlokal der 1. Hundelobby Herten e.V. Obwohl an der Straße nicht unbedingt idyllisch gelegen, wird hier alles für den Hund getan. Neben den üblichen Trinkschalen, die in ausreichender Menge paratstehen, werden trockene Tücher gereicht, falls das Fell nass geworden ist. Zudem gibt es Decken, auf denen der Hund bequem liegen kann. Aber das Beste – findet Bruno – sind die selbstgemachen Dinkel-Hundekekse, die er nach dem Marsch mit großem Appetit verzehrt. Halde, Weitblick, Sonnenuhr, schön und gut – aber allein wegen der Kekse hat sich der Haldenmarsch für ihn allemal gelohnt.

Links: Viel Auslauf gibt's am Observatorium.
Rechts: Bruno und Co. unterhalb der Ewald-Empore

Oben: Der Obelisk mit der Sonnenuhr Unten: Im Boden sind Metallplatten mit den Tierkreiszeichen eingelassen.

SERVICE

Landschaftspark Hoheward
Besucherzentrum
Werner-Heisenberg-Straße 14
45699 Herten
Tel. 02366-18 11 60
Öffnungszeiten: Di–So, 10–18 Uhr (auch an Feiertagen)

ANFAHRT
Pkw (Navi): Ewaldstraße 261, 45699 Herten

ÖPNV
Mit der Buslinie SB 27 von Herten-Mitte oder Wanne-Eickel
Hbf. bis Haltestelle „Herten Bergwerk Ewald 1/2". Oder mit der
Buslinie 210 von Herten-Mitte oder Recklinghausen-Süd bis
Haltestelle „Herten Gelsenkirchener Straße"

WANDERN
Rundweg Balkon-Promenade
Start: Parkplatz Zeche Ewald
Länge: Circa 6 Kilometer, alternativer Rückweg über
die Ring-Promenade circa 4 Kilometer

EINKEHREN
Biergarten „Schacht 2 auf Ewald"
Werner-Heisenberg-Straße 14
45699 Herten
Tel. 0175-975 97 71
Öffnungszeiten: Mi–Fr 15–22 Uhr, Sa/So 11–22 Uhr

Gaststätte & Café „Am Handweiser"
Herner Straße 198
45699 Herten
Tel. 02366-93 71 80
Öffnungszeiten im Sommer: Mi, So und an Feiertagen 9–18 Uhr,
Do/Fr 9–18 Uhr, bei Biergartenwetter bis 21 Uhr
Winter: Mi–So und an Feiertagen 9–18 Uhr
Mo/Di Ruhetage

Tour 13

Wilde Pferde und noch mehr Wild

Jack unterwegs unter Tieren in Dülmen

In der unmittelbaren Begegnung mit wilden Pferden, Rehen und Hirschen liegt der Reiz dieses Ausflugs ins ländliche Dülmen. Gemütlich und respektvoll ist unser Gang zu den Wildpferden im Merfelder Bruch, entspannt und erholsam das Picknick unter Bäumen und wunderschön der abschließende Spaziergang im Dülmener Wildpark. Ein Tag voller Überraschungen, denn immer huscht irgendwo ein Tier vorbei – ein Ausflug mit Öhrchen-spitz-Garantie.

Kerstin Goldbach

Jack

Es war Liebe auf den ersten Blick, als Tanja den damals einjährigen Mischlingshund Jack auf der Internetseite einer Tierschutzorganisation entdeckte. Doch bis er endlich zu ihr kam, war es ein langer Weg. Fragen über Fragen musste sie beantworten, ihre Eignung als Hundehalterin und ihre Wohnverhältnisse wurden überprüft, doch schließlich wurde er ihr zugesprochen. Jack, der ursprünglich aus Griechenland stammt, lebt nun seit zwei Jahren bei Tanja und hat in dieser Zeit sehr viel über Hundebenehmen gelernt, denn er musste bei Null anfangen. Mittlerweile aber ist er ein gut erzogener Hund, den Tanja sogar mit zur Arbeit nehmen darf. Und wenn die Pferdenärrin hoch zu Ross unterwegs ist, dann ist Jack natürlich mit dabei. Tanja und Jack – ein Traumpaar.

Tanja ist eine große Tierfreundin und Reiterin, deshalb ist ihr Ausflug mit Jack zu den Wildpferden in Dülmen ein Muss. Heimat der Herde ist der Merfelder Bruch, ein circa 400 Hektar großes Reservat westlich der Stadt Dülmen.

In einer Urkunde aus dem Jahr 1316 werden die „Wilden Pferde" erstmals erwähnt, vermutlich aber gab es sie hier schon lange vorher. Durch die zunehmende Besiedlung verloren sie mehr und mehr ihren Lebensraum und drohten Mitte des 19. Jahrhunderts sogar auszusterben. Doch 1847 ließ Alfred von Croÿ 20 verbliebene Exemplare einfangen und stellte ihnen im Merfelder Bruch einen geschützten Lebensraum zur Verfügung. Das war die Rettung für die Tiere, deren Nachfahren auch heute noch als eine der letzten freilebenden Wildpferdherden in Europa unter der Obhut der Herzöge von Croy stehen.

Picknick mit Pferd

Ein Besuch der Herde ist nur an den Wochenenden möglich. Aber dann kommen die Besucher und spazieren zu der Stelle, wo sich die rund 400 Pferde meist aufhalten. Je nach Jahreszeit, Witterung und Laune der Tiere, stehen sie friedlich grasend über die Wiese verteilt oder um eine Wasserstelle gruppiert. An sonnigen Tagen ist ein **Picknick** vis-à-vis der Pferdeweide beliebt. Da reiht sich Picknickdecke an Picknickdecke entlang des Zauns, der die Zuschauer von der Herde trennt. Das klingt nach Remmidemmi, aber es herrscht eine entspannte Stimmung und auch Jack und die anderen mitgeführten Hunde verhalten sich ruhig. Es scheint, dass die Pferde eine beruhigende Wirkung auf die Besucher haben.

Ein Wildpferd, das keins ist

Gelegentlich ist ein Schnauben zu hören, manche Tiere wälzen sich genüsslich auf dem Boden, Fohlen stehen eng bei ihren Müttern oder tollen auch schon mal wild umher. Pferdeliebhaber könnten stundenlang zuschauen und das Verhalten der Tiere beobachten, und so manchem wird auffallen, dass die Dülmener Wildpferde zoologisch gesehen keine reinen Wildpferde sind, auch wenn sie fast so aussehen. Ein prägnantes Merkmal sind die hängenden Mähnen, die echten Wildpferden fehlen.

Die Wildpferdeherde in Dülmen, friedlich grasend

Ein Zaun trennt Gäste und Herde.

Tatsächlich gehören sie zu den ältesten deutschen Pferderassen und gelten mit ihrer Größe von rund 1,30 Meter Stockmaß als Ponys. Um Inzucht unter der ursprünglich noch kleinen Herde zu vermeiden, wurden in der Vergangenheit verschiedenen Pony-Rassen, unter anderem Exmoor- und polnische Konik-Ponys eingekreuzt. Mit ihren sehr ursprünglichen Eigenschaften gaben sie den Dülmener Wildpferden ihr heutiges Aussehen. Sie haben ein braun-graues Fell, und über den Rücken verläuft von der Mähne bis zum Schweif ein grauer Aalstrich, ein Merkmal, das sie mit echten Wildpferden teilen.

Nachdem wir die Herde ausgiebig bestaunt haben, gehen wir noch etwas spazieren, denn Jack braucht Bewegung. Doch sehr weit kommen wir nicht. Wege, die in den Wald hineinführen, entpuppen sich schnell als Sackgassen. Aber das ist gut so, denn bis auf das kleine Areal, das Besucher betreten dürfen, ist das Gelände ausnahmslos den Pferden vorbehalten. Das rund 400 Hektar große **Naturschutzgebiet Merfelder Bruch** ist ein weitläufiges Moor- und Heidegebiet mit Birkenhainen sowie Nadel- und Laubwaldbeständen. Hier finden die Pferde Schutz vor Kälte und ausreichend Nahrung, denn sie sind das ganze Jahr sich selbst überlassen. Nur in sehr strengen Wintern wird etwas zugefüttert. Trotzdem ist das Leben in freier Wildbahn hart, weshalb die Dülmener Wildpferde als sehr robust und widerstandsfähig gelten.

Die Stuten haben das Sagen

So ganz hält sich der Mensch aber nicht zurück. Die Wildbahn ist begrenzt, sodass die Herde nicht ohne Einschränkung wachsen kann. Deshalb werden jedes Jahr die einjährigen Hengste gefangen und versteigert.

Links: Neugierig beäugt das Fohlen die Besucher.
Rechts: Schattiges Picknickplätzchen auf dem Areal der Wildpferdebahn

Nach dem Fang der Junghengste bleiben die Stuten mit den Fohlen zurück. Die Pferdepopulation lebt in kleinen Familienverbänden, die jeweils von einer Leitstute angeführt werden. Die Deckhengste dürfen nur ein paar Monate bei der Herde verbringen, weshalb die Führung der Dülmer Wildpferde ganz in weiblicher Hand ist.

Da die Auslaufmöglichkeiten bei den Wildpferden für Hunde eingeschränkt sind, wollen wir vor der Heimfahrt noch zum Wildpark in Dülmen fahren. Doch der Magen knurrt und es ist Zeit für einen Napf Wasser für Jack. Deshalb steuern wir vorher das idyllisch unter Bäumen gelegene kleine Picknick-Areal an der Wildbahn an. Mit seinem Blick auf die Herde ist es ein schönes schattiges Plätzchen für eine entspannte Rast und ein kleines Hundenickerchen. Mit frisch getankter Kraft geht es weiter in den Wildpark.

Im Wildpark von Dülmen

AUTOFAHREN MIT HUND

Manche Vierbeiner sind völlig unkompliziert, andere haben Angst und übergeben sich sogar. Hat der Hund einmal schlechte Erfahrungen mit dem Autofahren gemacht, wird es schwierig, ihn wieder ins Auto zu locken. Grundsätzlich sollte man langsam beginnen. Zunächst einfach nur im Auto sitzen, erst dann eine kurze Strecke fahren, damit sich der Hund an das Motorgeräusch gewöhnt.

Hunde sind im Auto in jedem Fall zu sichern. Dazu eignet sich eine Transportbox oder ein im Auto eingebautes Netz oder Gitter, das den Kofferraum abtrennt. Fährt der Hund auf dem Rücksitz mit, trägt er ein Geschirr (kein Halsband!) und wird durch ein kurzes Verbindungsstück (gibt es im Fachhandel) an der Sicherheitsgurtbuchse angeschnallt.

Einfach zauberhaft

Der **Wildpark in Dülmen** ist einer dieser Orte mit außergewöhnlichem Charme. Nahe dem Stadtzentrum gelegen, steht er Besuchern ganzjährig kostenlos offen und besticht durch das Fehlen von jeglichem touristischen Beiwerk.

Vom Parkplatz beim Haupteingang an der Straße „An der Ziegenweide" schlendern wir durch ein Tor, und schon stehen wir in einem wunderschönen Landschaftspark, der von zahlreichen Wander- und Radwegen durchzogen ist. Es ist ein sinnliches Vergnügen durch diesen herrlichen Park zu laufen. Wiesen und Weiden wechseln sich mit Wald ab, dazwischen eingebettet Baumgruppen oder prächtige Einzelbäume. Teiche, auf denen sich Wasservögel tummeln, und ein kleines Brückchen machen dieses Idyll perfekt. Dazwischen, völlig entspannt und ohne Zäune, grast friedlich das Wild. Überall eignen sich schöne Plätze für ein Picknick und manchmal möchte man sich einfach ins Gras hocken und ein wenig von den Zeiten träumen, als Damen mit Reifröcken und Sonnenschirmchen hier entlangschlenderten.

Und auch dieses kleine Paradies haben wir dem Herzog von Croÿ zu verdanken. Er erstand 1860 das Gut Hinderkinck nebst Ländereien und ließ das Gelände von dem englischen Landschaftsarchitekten Edward Milner im Stil eines Landschaftsgartens umgestalten. Der Park war Teil des Schlossparks, doch das zugehörige Schloss ist leider im Zweiten Weltkrieg zerstört worden. Die Parkanlage, die bis heute im herzoglichen Besitz ist, wird nach wie vor im Sinne der ursprünglichen Gartenanlage gepflegt. Seit den 1920er-Jahren sind auch Heidschnucken und Wild, vor allem Damhirsche, im Park beheimatet.

Jack entdeckt einen kapitalen Hirsch

Unzählig sind die Wanderwege in dieser Parklandschaft, aber wir beschränken uns auf eine kleinere Runde. Kaum sind wir einige Meter gegangen, da hebt Jack aufmerksam den Kopf. Da war was im Gebüsch! Ein Hirsch mit prächtigem Geweih läuft uns über den Weg. Die Wildtiere im Park sind Menschen und Hunde gewöhnt, deshalb ergreifen sie nicht gleich die Flucht, aber respektvollen Abstand sollten wir halten und die Tiere nicht stören. Jack verhält sich prima und dieser Teil des Ausflugs scheint ihm besonders zu gefallen. Aufgeregt schaut er umher – was für ein erlebnisreicher Tag.

Links: Damhirsche laufen hier frei herum.
Rechts: Ein lauschiger Winkel im Wildpark

SERVICE

Wildpferdebahn Dülmen
Herzog von Croÿsche Verwaltung
Tel. 02594-96 30
www.wildpferde.de
Öffnungszeiten: März/April (witterungsabhängig) – 1. Nov.,
Sa/So und an Feiertagen 10–18 Uhr
Eintritt: Erw. 3,- Euro, Kinder bis 14 Jahre 1,50 Euro, Hunde frei
Hunde müssen an der Leine geführt werden.

Wildpark Dülmen
Haupteingang: An der Ziegenweide bzw. Hinderkingsweg, Dülmen
Öffnungszeiten: ganzjährig geöffnet
Eintritt: frei
Hunden müssen an der Leine geführt werden. Der Park ist mit
einem Wildgitter gesichert, das Hunde nicht überwinden können.
Der Zugang mit Hund erfolgt über ein Tor neben dem Gitter.

ANFAHRT
Wildpferdebahn
Pkw (Navi): L 600/Rekener Straße, Dülmen. Die Wildpferdebahn
ist ausgeschildert.
ÖPNV: Keine Anbindung mit öffentlichen Verkehrsmitteln

Wildpark
Pkw (Navi): An der Ziegenweide bzw. Hinderkingsweg, Dülmen.
ÖPNV: Bis Dülmen Bf., dann 30 Minuten zu Fuß über die
Friedrich-Ruin-Straße und die Borkener Straße

EINKEHREN
Unmittelbar an der Wildpferdebahn oder am Wildpark gibt es
keine Einkehr-, aber sehr schöne Picknickmöglichkeiten. Deshalb
Picknickkorb mit Futter für Mensch und Hund nicht vergessen!

ÜBERNACHTUNGSMÖGLICHKEITEN
Hotel – Restaurant
Große Teichsmühle
Borkenbergestraße 78
48249 Dülmen
Tel. 02594-943 50
grosse-teichsmuehle@t-online.de
Hunde sind gegen einen Aufpreis von 10,- Euro
herzlich willkommen.

Tour 14

Eine Kanufahrt mit tierischer Besatzung

Kaspar auf der Weser

Nach Höxter, in den äußersten Zipfel von Nordrhein-Westfalen, führt dieser wunderschöne Ausflug mit dem Kanu. Dabei braucht es keine Erfahrung im Umgang mit Booten, denn eine gründliche Einweisung für die Mannschaft aus Mensch und Hund ist obligatorisch. Auf ihrem Weg vorbei an idyllischer Landschaft und kleinen Städtchen trifft die Crew auf allerhand Wasservögel und gemächlich grasende Weidetiere am Ufer. Auch wenn das Paddeln dem Menschen vorbehalten ist, Hunde brauchen sich über Langeweile auf dieser Tour nicht zu beklagen, denn unterwegs gibt es immer wieder Gelegenheit für einen Landgang und ein erfrischendes Bad in der Weser.

Kerstin Goldbach

Wie Kaspar Hauser, ohne Kontakt zur Außenwelt, so muss der junge Hund gelebt haben, bevor ihn Jan und Martina aus dem Tierheim holten. Damals war Kaspar acht Monate alt und hatte kaum entwickelte Muskeln – ein schmächtiger Körper mit riesigem Kopf und einer gebrochenen Rippe. Ehe er nach Deutschland vermittelt wurde, befand er sich in einer Tötungsstation in Ungarn, und sein Leben dort war vermutlich von Misshandlungen geprägt. Deshalb war die erste Zeit mit ihm nicht leicht. Er hatte Angst vor Menschen, insbesondere vor Männern. Er traute sich kaum aus dem Haus, ging nicht in kleine Räume oder enge Gassen, Autofahrten waren nicht möglich und vor lauter Angst bellte er jeden an. Martina und Jan waren verzweifelt. Doch ihn wieder ins Heim zu bringen, das brachten sie nicht übers Herz. Mit viel Geduld und Durchhaltevermögen gelang es ihnen über die Jahre, Kaspar seine Ängste zu nehmen. Auch sein Körper hat sich prächtig entwickelt. Der mittlerweile acht Jahre alte Rüde läuft und schwimmt gerne, er liebt Agility und alles, was mit Aktivität zu tun hat. Aus einem geplagten Tier ist ein stattlicher Hund geworden – eine Erfolgsgeschichte.

Schon der Startpunkt unserer Kanutour besticht durch seine außergewöhnliche Lage. An einem der reizvollsten Weserabschnitte und untergebracht im alten Domänenhof des UNESCO-Welterbes **Kloster Corvey** befindet sich die **Kanustation Krome** nebst dem angeschlossenen **Weser Aktivhotel**. Ein perfekter Standort, um stromauf und stromab zu traumhaften Tagestouren aufzubrechen.

Als besonderer Service für Hundebesitzer bietet das Kanuzentrum in Corvey eine fachkundige Einweisung an und stellt zudem Schwimmwesten für Hunde zur Verfügung. Ansprechpartnerin ist die Tierärztin Dr. Julia Brinkmann, die engagiert und mit viel Liebe für Hunde den Kanubetrieb in der Saison mitbetreut.

Gründe genug für das wassersportbegeisterte Ehepaar Martina und Jan, die wir heute auf ihrem Ausflug begleiten, sich diesen Ort für ihre Bootstour auszuwählen. Mit dabei ihr zwölfjähriger Neffe Louis und natürlich Kaspar.

Mit Sack und Pack ins Boot

Alle Vorbereitungen für die Ausfahrt sind getroffen, das Boot und die Paddel liegen bereit, das Gepäck ist wasserdicht in Seesäcke verstaut und Kaspar hat schon seine Schwimmweste an. Doch bevor wir in See stechen, gibt uns Julia noch einige Hinweise mit auf den Weg. Von ihr bekommen wir eine Karte mit dem Streckenverlauf, dann erklärt sie uns die wichtigsten Verkehrsregeln auf dem Fluss und sagt uns, wo man unterwegs anlegen kann. Wir haben uns für eine 20 Kilometer lange Fahrt von Höxter nach Heinsen entschieden. Eine schöne Tagesetappe, die ausreichend Zeit lässt für entspannte Landgänge. Das ist vor allem für Kaspar wichtig, denn Hunde finden Kanutouren durchaus anstrengend. Nicht nur wegen der ungewohnten Eindrücke auf dem Wasser und des Schaukelns, sondern vor allem, weil sie stillsitzen müssen. Schnell geraten die kippeligen Boote in eine Schieflage und das führt im schlimmsten Fall zum Kentern.

Kartenstudium zur Vorbereitung auf die Tour

Von Julia erfahren wir nun noch einige wichtige Dinge, die wir für eine Ausfahrt mit dem Hund unbedingt beachten müssen. Das fängt schon bei der Ausrüstung an. Dass Kaspar eine Schwimmweste trägt, hat weniger den Sinn, ihm, falls wir kentern sollten, das Schwimmen zu erleichtern, sondern dient dem Bergen des Hundes. Als Ersatz für eine Weste reicht zur Not auch ein Geschirr, niemals jedoch ein Halsband. Ebenso tabu ist das Anleinen des Hundes im Boot, denn er muss sich im Ernstfall allein befreien können. Da Kaspar schon bei einige Kanufahrten mit dabei war, müssen wir ihn nicht erst an das Boot gewöhnen oder das Einsteigen üben. Gelassen nimmt er seinen Platz vor Steuermann Jan ein. Das Boot ist stabil gebaut und mit einem flachen Boden ausgestattet: viel Platz für Kaspar, es sich hier richtig gemütlich zu machen. Dann geht's endlich los. Martina, die Schlagfrau, lässt es entspannt angehen und schon gleiten wir übers Wasser.

Oben: Die Karte verzeichnet die Highlights entlang der Strecke.
Unten: Am flachen Ufer wird das Boot zu Wasser gelassen.

Die Weser bei Höxter fließt ruhig und ist auch für Kanu-Anfänger gut geeignet.

Immer im Takt

Von der Wasserseite präsentiert sich die Landschaft aus einer ganz anderen Perspektive. Alles wirkt ruhiger als an Land. Langsam ziehen Weiden, Häuser und Wälder an uns vorbei. Wasservögel heben ab oder lassen sich von der Strömung einfach ein bisschen treiben. Kaspar schaut mit großem Interesse zu, wie ein paar Enten schnatternd am Boot vorbeischwimmen. Unser Kanu kommt flott voran, immer im gleichen Takt stechen die Paddel ins Wasser ein, und der ruhige Strom trägt uns weiter. Vorbei an dem hübschen Ort **Lüchtringen** geht's durch eine Flussschleife, und bald sehen wir links einen alten Turm aufblitzen. Das wird die **Tonenburg** sein, die uns Julia als erste Rastmöglichkeit empfohlen hat. Die Einfahrt in den kleinen, von Entengrütze fast zugewachsenen Naturhafen ist nicht so einfach auszumachen und so fahren wir erst einmal daran vorbei. Alles klar zum Wendemanöver! Schließlich landen wir dann doch an dem kleinen Holzsteg der romantischen Bucht im Schilf zu Füßen der alten Wehranlage. Die Burg aus dem Jahr 1315 beherbergt heute in den Nebengebäuden, die im 17. und 18. Jahrhundert hinzukamen, ein Hotel mit Gaststätte. Obwohl die Speisen auf der Karte des auch bei Bikern beliebten Gasthauses sehr verlockend klingen, beschränken wir uns auf ein kühles Getränk und einen Napf Wasser für Kaspar. Wir haben heute noch eine lange Strecke vor uns. Auf zur nächsten Etappe!

Der Blick auf die Karte zeigt uns, dass die Stadt **Holzminden** schon in wenigen Kilometern erreicht ist. Und tatsächlich sehen wir schon bald die ersten Häuser und am linken Ufer einen komfortablen Campingplatz. Hier legen wir an und machen uns bereit für ein kleines Picknick. Kaspar nutzt derweil die Gelegenheit und erfrischt sich in der Weser.

Einfach dufte

Nach der Rast möchten wir nicht einfach weiterpaddeln und achtlos an dieser hübschen Stadt vorbeifahren, deshalb entschließen wir uns zu einem kleinen Rundgang. Eine gute Idee, denn die Qualitäten der Stadt kann man nicht nur sehen, sondern auch riechen. Mitte des 13. Jahrhunderts gegründet und im Dreißigjährigen Krieg fast völlig zerstört, ist Holzminden eine typische Ackerbürgerstadt. Viele ihrer Bewohner lebten im Mittelalter noch von der Landwirtschaft und die Häuser mussten deshalb Platz für beladene Ackerwagen, Vieh und Heu bieten. Charakteristisch waren deshalb große

Links: Fotopause
Rechts: Kaspar ist mit der Schwimmweste bestens ausgerüstet.

Die Tour führt an dem kleinen Ort Lüchtringen vorbei.

Hallenhäuser mit hohen Dielen. Im historischen Ortskern entlang der „Hintere Straße" sind einige der prächtigen **Ackerbürgerhäuser** zu bestaunen. Landleben mitten in der Stadt.

Es war jedoch der zarte Duft der Vanille, welcher der kleinen Kreisstadt in Niedersachsen weltweit Beachtung brachte. Im Jahr 1873 gelang es dem Holzmindener Chemiker Wilhelm Haarmann, aus dem Saft der Fichtenrinde den Duftstoff Vanillin zu synthetisieren. Er legte damit den Grundstein für die Duft- und Geschmacksstoffindustrie in Holzminden. Das ortsansässige Unternehmen ist heute einer der wichtigsten Produzenten weltweit. Bei einem **Duftenden Stadtrundgang** können sich Besucher auf Entdeckungstour mit der Nase begeben. Insgesamt 18 Stelen mit typischen Düften wie Weihrauch, Lavendel, Apfel oder Patschuli stehen im Ortskern verteilt und liefern aufschlussreiche Informationen zu den einzelnen Duftstoffen und zur Geschichte der Stadt. Wir schnuppern ein bisschen umher und sind überrascht, in welchen Produkten Duftstoffe aus Holzminden Verwendung finden – während Kaspar viel spannendere Duftmarken an Bäumen und Hauswänden entdeckt. Vor lauter Wohlgerüchen ist die Zeit schnell verflogen und wir haben erst die Hälfte der Strecke geschafft. Also, auf ins Boot! Noch zehn Kilometer sind es bis Heinsen, unserem Zielort.

HUND AN BORD

Hunde, die noch keine Erfahrung mit Booten und Wasser haben, müssen behutsam daran gewöhnt werden. Das Einsteigen sollte am Ufer geübt werden. Fühlt der Hund sich sicher, kann man das Boot etwas hin und her bewegen. Bleibt er ruhig, hat er sich eine Belohnung verdient, und der ersten Ausfahrt auf ruhigem Gewässer steht nichts mehr im Wege. Beim Einsteigen ist darauf zu achten, das Boot zu stabilisieren. Der Hund steigt erst ein, wenn eine vertraute Person schon im Boot sitzt. Beim Aussteigen verlässt der Hintermann das Boot, dann steigen Hund und Vordermann aus. Der Hund sollte im Boot immer vor einer Bezugsperson Platz nehmen. Eine bequeme Unterlage und regelmäßige Belohnungen machen es dem Hund leichter, während der Fahrt still zu sitzen.

Links: Zwischen vertrauten Personen traut Kaspar auch dem Boot.
Rechts: Die Tonenburg ist ein schöner Ort für einen Zwischenstopp.

Über die Grenze

An Bord bestimmt wieder der gemächliche Gleichklang des Paddelschlags das Geschehen. Rechts am Ufer zieht ein Militärgelände unsere Blicke auf sich, doch schnell wird es wieder idyllisch. Still ist es auf dem Fluss, kein Autolärm, keine Hektik. Hin und wieder sieht man ein altes Gehöft, aber sonst kaum Spuren von Besiedlung. Sind wir eigentlich noch in Deutschland? Ja, aber mittlerweile schon in Niedersachsen, ein Schild weist uns auf die Grenze hin. Wenn wir noch rechtzeitig an unserem Zielort ankommen möchten, müssen wir nun etwas zügiger paddeln. Doch erstaunlich schnell fließt die Weser und unser Boot nimmt richtig Fahrt auf. Die Wassertropfen, die hin und wieder auf Kaspars Fell landen, stören ihn nicht, er wittert Landluft. Gespannt hält er die Nase in den Fahrtwind. Bald sehen wir den kleinen Ort **Heinsen** links am Ufer, wo Julia schon mit dem Bootstransporter wartet, um uns wieder zurück nach Höxter zu bringen. Schade, dass wir den schönen Fluss schon verlassen müssen, der uns den ganzen Tag durch diese reizvolle Landschaft geleitet hat. Den Tag lassen wir beim Grillbuffet im Hotel ausklingen. Müde vom Paddeln und der frischen Luft lockt dann auch bald das Bett, nur einem Mitglied der Kanu-Mannschaft steht noch der Sinn nach Aktivität. Kaspar tollt mit anderen Hunden ausgelassen auf der großen Wiese herum. Kein Wunder: Wer sich den ganzen Tag schippern lässt, schont halt die Kräfte.

Der kleine Hafen an der Tonenburg ist mit Entengrütze fast zugewachsen.

SERVICE

Krome Kanu GmbH & Co. KG
Corvey 1
37671 Höxter
Tel. 05271-694 68 66
www.krome-kanu.de
Termine nach Vereinbarung
Der Preis von 35,- Euro pro Person beinhaltet die
Leihgebühr für Boot und Ausrüstung (Kanadier, Paddel,
Schwimmwesten, Hundeschwimmwesten, wasserdichte Behälter),
Rücktransfer, Grillbüfett in Corvey (Fleisch aus artgerechter,
regionaler Haltung).

ANFAHRT
Pkw (Navi): Corvey 1, Höxter

ÖPNV
Bis Bahnhaltepunkt „Höxter Rathaus", dann mit der Buslinie HX5 bis
Haltestelle „Corvey" (eingeschränkter Busverkehr) oder zu Fuß
2 Kilometer entlang der Weser

EINKEHREN
Hotel Restaurant Tonenburg
Tonenburg 1
37671 Höxter-Albaxen
Tel. 05271-38 01 03
Öffnungszeiten: Mo–Mi Ruhetage

ÜBERNACHTUNGSMÖGLICHKEITEN
Weser Aktivhotel Corvey
Corvey 1
37671 Höxter
Tel. 05271-694 68 66
www.weser-aktivhotel-corvey.de

Eingang zum Weser Aktivhotel

Tour 15

Von Dorf zu Dorf

Timmy und Charly im LWL-Freilicht-museum Detmold

Ein Besuch in Deutschlands größtem Freilichtmuseum in Detmold ist mehr als ein Ausflug, es ist eine Reise. Eine Reise in die Vergangenheit, in das ländliche Leben Westfalens früherer Jahrhunderte und eine Reise durch Westfalen, denn die einzelnen Regionen werden mit ihren landestypischen Bau- und Siedlungsformen vorgestellt. Besucher treffen unterwegs unter anderem auf wunderschöne Höfe, Bauerngärten, alte Schulgebäude, ein Armenhaus, Mühlen sowie zahlreiche Tiere. Das weitläufige Gelände bietet zudem zwei- und vierbeinigen Besuchern genügend Freiraum für einen Spaziergang entlang von Acker-, Wald- und Wiesenflächen.

Kerstin Goldbach

Timmy lebt seit fünf Jahren bei seiner Familie. Der kleine Jack-Russel-Mix kommt ursprünglich aus Spanien. Sein abgeschnittenes Ohr und Zigarettennarben auf seinem Rücken zeigen, dass es ihm in seinem früheren Leben nicht immer gut gegangen sein muss. Anfangs war er deshalb sehr ängstlich, doch seine neue Familie hat er sofort geliebt. Inzwischen ist er ein selbstbewusster kleiner Kerl geworden, der sein Rudel gut beschützt.

Charly ist erst vor rund einem Jahr dazugekommen. Sie ist eine sehr liebevolle und vor allem kinderliebe Hündin. Sie erzählt gern, denn bellen kann sie nicht. Sie weiß anscheinend nicht, in welchen Situationen gebellt werden muss, und zieht es vor zu brabbeln. Sie braucht ihren Schönheitsschlaf und vor 9 Uhr steht sie nicht auf, dann steht Yoga auf ihrem Programm. Dabei vollzieht sie wahre Kunststücke mit ihren Beinen. Beide Hunde ergänzen sich prima und leben mit ihrer Familie samt Hühnern und Pferd in einem glücklichen Verbund.

Wie haben die Menschen früher in Westfalen gelebt? Wie haben sie ihre Äcker bestellt? Welche Pflanzen haben sie angebaut? Welche Tiere haben sie gehalten? Mit all diesen Fragen beschäftigen sich die Mitarbeiter des Freilichtmuseums, das bereits 1960 gegründet wurde und unter der Trägerschaft des Landschaftsverbands Westfalen-Lippe steht. Es zeigt auf dem rund 90 Hektar großen Gelände über Hundert Gebäude – von der großen Hofanlage über prächtige

Bürgerhäuser bis zu einfachen Behausungen der Tagelöhner. Die historischen Originalbauten wurden sehr aufwendig an ihrem ursprünglichen Standort abgebaut und ins Museum umgesetzt.

Zu den Höfen gehören auch Gärten, Ackerflächen, Wiesen, Weiden und vor allem Tiere. Das ist besonders für Kinder reizvoll und deshalb haben sich Manfred und Jennifer mit ihren beiden Töchtern Leonie und Emily auf den Weg gemacht, um dem Museum einen Besuch abzustatten. Mit dabei sind die beiden Familienhunde Timmy und Charly. Die beiden müssen beim Besuch angeleint bleiben, denn das Geflügel läuf zum größten Teil frei herum, und schnell ist für einen Hund die Versuchung groß, den Hühnern hinterherzujagen. Ein getötetes Tier wäre für das Museum vor allem auch deshalb ein großer Verlust, weil es sich bei den Haustieren um historische Rassen handelt, die es heute kaum noch gibt, wie zum Beispiel die Hühnerrassen Lakenfelder und Westfälische Totleger oder die Lippegänse.

Entlang einer Obstbaumallee geht es zum Paderborner Dorf.

Das Krumme Haus und das Haus zum Anfassen

Das Museumsgelände gehörte früher zum Besitz der Fürsten zur Lippe, und deshalb finden sich hier noch einige Gebäude, die einst von der Fürstenfamilie errichtet wurden. Dazu zählt auch das **Krumme Haus** vis-à-vis vom Eingang. Als Teil einer barocken Gartenanlage ließ es Gräfin Amalie zur Lippe im Jahr 1690 erbauen. Es diente als Orangerie und beherbergt heute die Museumsverwaltung, wo unsere Tour startet.

Oben: Motive fürs Familienalbum bietet das Museum zuhauf.
Unten: Mit dem Pferdewagen geht es durch das Museumsgelände.

Alte Fachwerkgebäude im Paderborner Dorf

Es gibt verschiedene Routen, um das große Areal des Museums zu erkunden, doch jeder Besucher kann sich anhand des übersichtlichen Plans selbst eine Route zusammenstellen. Wir entscheiden uns für eine große Runde und wandern zunächst nach links in Richtung Osnabrücker und Mindener Hof. Beide Hofgruppen repräsentieren den Norden Westfalens. Typisch für diese Region ist das Niederdeutsche Hallenhaus, und mit dem **Osnabrücker Hof** ist hier ein besonders imposantes Exemplar dieses Typs zu bestaunen. Bezeichnend für die Hallenhäuser ist, dass dort Mensch und Tier gemeinsam unter einem Dach lebten. Wie sich das Leben in diesen großen Hallenhäusern gestaltete, ist anschaulich im **„Haus zum Anfassen"** dokumentiert. Hier dürfen die Besucher alle Gegenstände berühren und ausprobieren und sich sogar in die Betten des Bauernhauses legen. Freilich nur die Menschen, Hunde müssen draußen warten, was aber nicht stört, wenn man als Familie oder Gruppe unterwegs ist. Dann kann ein Teil der Truppe die Innenräume inspizieren, während der andere die Außenanlagen mit dem Hund umrundet. Hier gibt es nämlich viel Interessantes zu entdecken und zu erschnuppern. Zum Beispiel die **Bunten Bentheimer Schweine**, die sich genüsslich im Dreck wälzen. Die sehr robusten Tiere, die im Museum das ganze Jahr im Freien leben, sind in ihrem Bestand akut gefährdet. Einzig einem Züchter ist es zu verdanken, dass es diese alte Haustierrasse überhaupt noch gibt.

Familienfoto vor dem prächtigen Rokoko-Tor des Hauses Stahl

Von armen Heuerlingen und reichen Schulten

Wir machen uns wieder auf den Weg und tauchen nun ein in das Leben der armen Kötter und mittellosen Heuerlinge. Im Gegensatz zu den reichen Bauern mussten sich Kötter mit einem kleineren Wohnhaus, einem „Kotten", zufriedengeben. Heuerlinge hatten, im Gegensatz zu Köttern, keinen Grundbesitz und mussten für ihren Kotten und das Land eine Pacht zahlen. Die Armut war groß und die Landwirtschaft reichte oft nicht zum Leben aus. Mit einem Handwerk wie Spinnen oder Weben sorgten sie für ein zusätzliches Einkommen. Über das kärgliche Leben der Heuerlinge informiert das Museum sehr anschaulich im **Tecklenburger Kotten** und im **Doppelheuerhaus**.

Unser Weg führt uns über den Mindener Hof zum **Münsterländer Gräftenhof**. Damit sind wir vom Norden kommend nun im Westen Westfalens angekommen. Das Wort „Gräfte" bezeichnet einen Wassergraben und mit einem solchen waren die Höfe im Münsterland oft umgeben. Im Museum wird das Haus eines Schulten, eines Großbauern, gezeigt. Die soziale Stellung der Schulten zeigte sich auch in dem Gehöft, das an einen ländlichen Adelssitz erinnert.

Nicht weit vom Gräftenhof in Richtung Paderborner Dorf befindet sich in einem kleinen Handwerkerhaus die **Gaststätte „Tiergarten"**. Auf rustikalen Holzbänken unter Bäumen oder Sonnenschirmen findet man einen schönen Platz für einen kleinen Snack und kühle Getränke.

Auf ins Paderborner Dorf!

Vorbei am **Armenhaus**, das 1824/25 im münsterländischen Ort Rinkerode errichtet wurde und vier alleinstehenden verarmten Frauen eine Unterkunft bot, wandern wir nun an Ackerflächen entlang und der größten Baugruppe, dem Paderborner Dorf, entgegen. Auf dem Weg begegnen uns große und kleine Vierbeiner – Hunde und Pferde. Während Timmy und Charly die anderen Besuchshunde beschnuppern oder je nach Sympathie auch ignorieren, müssen wir den Pferden gelegentlich ausweichen. Die Strecke wird von Pferdewagen befahren, mit denen Besucher das Museum erkunden können. Die gutmütigen westfälischen Kaltblüter lassen sich aber von nichts aus der Ruhe bringen und so zieht das zwei PS starke Gespann mit munterem Hufgetrappel ruhig an uns vorbei.

Oben: Haus Ludovici am Dorfteich
Unten: Vorbei an einem alten
Handwerkerhaus, erbaut im Jahr 1789

Wir passieren den **Lippischen Meierhof**, der mit seinem Reetdach und den verbretterten Giebeln ein typisches Gehöft des Lipperlands darstellt, und wandern nun durch eine Ackerlandschaft mit Alleen aus Obstbäumen. Die Äcker werden vom Museum traditionell ohne Einsatz von Pestiziden und zum Teil mit historischen Geräten bestellt. Sogar Pferde- oder Rindergespanne kommen zum Einsatz. Und gelegentlich finden Vorführungen zum historischen Ackerbau statt. Der Ackerbau dient der Vermehrung, d. h. der Produktion von Saatgut, aber auch zur Herstellung des Futters für die Museumstiere. Angebaut werden alte Nutzpflanzensorten, um deren Erhalt sich das Museum bemüht. Da die Äcker der Ernährung der Tiere dienen, ist es selbstverständlich, dass die Acker- und Grünland-flächen sowie die Weg- und Ackerränder nicht als Hunde-toilette genutzt werden dürfen.

Oben: Entlang der Ackerflächen gibt's Auslauf satt.
Unten: Die Bockwindmühle vor dem Paderborner Dorf

GUT GEKÜHLT DURCH DEN SOMMER

Jeder Hund reagiert unterschiedlich auf sommerlich heiße Temperaturen. Für einige Rassen und ältere Hunde ist Hitze eine arge Belastung des Herz-Kreislauf-Systems. Daher lieber keine anstrengenden Touren in der Mittagshitze planen, sondern die Rundgänge auf die kühlen Morgen- und Abendstunden legen und Abkühlung schaffen, wo immer es möglich ist. Ein See ist natürlich perfekt, aber auch ein kleiner Pool, ein Platz unter einem Sonnenschirm im Garten oder auf dem Balkon reicht aus. Einfach gelegentlich das Fell abkühlen und die Sommerhitze dann auf kühlem Untergrund, einer Wiese oder Fliesen bis zum Abend verdösen.

Dörfliches Leben um 1900

Vorbei an der alten Bockwindmühle, einer der drei historischen Mühlen des Museums, erreichen wir das **Paderborner Dorf**. Es ist ein Haufendorf, typisch für den Osten Westfalens, den diese Baugruppe repräsentiert. Die Gebäude gruppieren sich dicht um einen Dorfanger, und die zum Teil prächtigen Giebel mit Inschriften machen dieses Dorf besonders einladend. Das Arrangement spiegelt das Leben auf einem Land im östlichen Westfalen um 1900 wider. Zu der Zeit lebten im Dorf nicht nur Bauern, sondern auch Handwerker, Kaufleute, Gastwirte, Tagelöhner und natürlich der Pfarrer und der Lehrer. Entsprechend vielfältig sind die Gebäude: vom großen Bauernhof mit Obst und Garten, dem Valpagenhof, über das „Bürgerhaus Stahl" mit dem prächtigen Rokoko-Tor, das Pastorat, die Bäckerei, wo Besucher Brot und Kuchen nach historischen Rezepten erstehen können, und einen Kolonialwarenladen bis zur Schmiede und weiteren typischen Gebäuden. Wie überall im Museum informieren Hinweistafeln über die Herkunft und Bauweise eines jeden Hauses.

Wir gönnen uns eine Pause auf einer Bank, um das verträumte Dorfensemble rund um den Teich auf uns wirken zu lassen. Da jedoch der Magen knurrt, siedeln wir bald über zur **Gaststätte „Im Weißen Ross"**, die zwei historische Gebäude durch einen modernen Verbindungstrakt vereint.

Edle Pferde

Gut gestärkt nehmen wir die letzte Runde unserer kleinen Reise durch Westfalen in Angriff. Es geht in den Süden, ins **Sauerländer Dorf**. Diese Baugruppe ist noch im Aufbau und soll noch um weitere Gebäude ergänzt werden. Thematisch beschäftigt sich das Museum hier mit den 20er-Jahren auf dem Lande. Sie waren zwar nicht so wild wie in den Großstädten, aber auch auf dem Dorf hat sich zu dieser Zeit einiges verändert, so hielt zum Beispiel das elektrische Licht Einzug. Eine alte Trafostation dokumentiert diese Phase.

Aus dem Dorf hinaus und mitten zwischen die Felder führt uns die Schlussetappe. Wir wandern durch die alte Kulturlandschaft, die das Museum so liebevoll hegt und pflegt. Auf den Weiden sind die **Senner Pferde** zu sehen. Diese elegante Rasse war einst zum Reiten und für die Jagd sehr begehrt und diente auch im fürstlich-lippischen Marstall. Bereits im Jahr 1160 fanden die Senner in einer Urkunde Erwähnung und sie gelten als älteste deutsche Pferderasse, deren Bestand jedoch heute extrem gefährdet ist. Das Museum beteiligt sich mit zwei Zuchtstuten an ihrem Erhalt.

Der Rundgang durchs Museum ist nun fast beendet und die beiden Mädchen Leonie und Emily geben das Tempo an. Mit Timmy und Charly an der Leine liefern sich die beiden ein Wettrennen. Wer ist zuerst am Eingang? Erschöpft vom Rennen und voll mit Eindrücken von der interessanten Ausstellung treten wir die Heimreise an. Eine Reise ins Nordrhein-Westfalen der heutigen Zeit.

Eine Wassermühle von 1841 liegt am Weg zum Osnabrücker Hof.

SERVICE

LWL-Freilichtmuseum Detmold
Westfälisches Landesmuseum für Volkskunde
Krummes Haus
32760 Detmold
Tel. 05231-70 60
www.lwl-freilichtmuseum-detmold.de
Öffnungszeiten: April–Okt. Di–So und an allen Feiertagen
9–18 Uhr (Einlass bis 17 Uhr)
Eintritt: Erw. 7,- Euro, ermäßigt 3,50 Euro, Kinder bis 6 Jahre frei,
Kinder bis 17. Lebensjahr 2,- Euro, Familienkarte (2 Erw., Kinder
unter 18 Jahren) 15,- Euro, Hunde frei

ANFAHRT
Pkw (Navi): Krummes Haus, 32760 Detmold

ÖPNV
Mit den Buslinien 701, 703 und 792 ab Detmold Bf.

EINKEHREN
Tiergarten-Kiosk
(auf dem Museumsgelände)

Im Weißen Ross
Gastronomie des LWL-Freilichtmuseums Detmold
(auf dem Museumsgelände)
Tel. 05231-30 60 60
www.im-weissen-ross.com

ÜBERNACHTUNGSMÖGLICHKEITEN
„Anno 1650" Ferienhaus der Familie Berger in Detmold
Adolfstraße 3
32756 Detmold
Tel. 05231-375 45
0173-294 51 31
www.anno1650.de
Das Ferienhaus liegt mitten in der Detmolder Altstadt.
Gäste mit Hunden sind ohne Aufpreis herzlich willkommen.

Elisabeth Hotel garni
Elisabethstraße 5–7
32756 Detmold
Tel. 05231-94 88 20
www.elisabethhotel-detmold.de
Gäste mit gut erzogenen Hunden sind ohne
Aufpreis herzlich willkommen.

Tour 16
Eine Burg voller Geschichte(n)

Mit Molly zur Sparrenburg in den Teutoburger Wald

In ihrer fast 800-jährigen Geschichte wurde die Sparrenburg mehrfach belagert und oft wechselten ihre Besitzer. Gelegen auf einem Bergkamm im Teutoburger Wald ist sie heute ein beliebtes Ausflugsziel mit zünftigen Festen. Tiere sind willkommen, ob Hunde auf der riesigen Freilaufwiese im angrenzenden Parkgelände oder überwinternde Fledermäuse in den frostfreien Kasematten. Die Burg liegt direkt am Hermannsweg im westfälischen Bielefeld.

Kirsten Schönenborn

181

Molly

Molly liebt Bier und so gilt es auf jeder Party, das Fass möglichst hoch zu stellen und am besten keinen Tropfen zu verschütten. Mag sein, dass sie diese Leidenschaft aus ihrem Geburtsland, dem Bierbrauerland Slowakei, mitgebracht hat. Über den Tierschutz gelangte die Mischlingshündin zu Martina und Michael. In der Eingewöhnungsphase zerfetzte Molly so einige Kissen und auch Schuhwerk, wenn sie alleine war. Aber dank viel Geduld und Disziplin ist die intelligente Hündin ein geliebtes Familienmitglied geworden, das sich auf witzige Art und Weise zu artikulieren weiß. So stellt sie sich, wenn sie vom Garten herein möchte, quer vor die Terrassentür und wedelt so lange mit dem Schwanz gegen die Scheibe, bis ihr geöffnet wird. Molly mag Autofahren, liebt Wasser über alles und schippert mit Freude im Kanu mit.

Hoch über der Stadt Bielefeld auf einem Bergkamm gelegen, erhebt sich die **Sparrenburg,** das heutige Ausflugsziel von Martina und Michael mit ihrer sechsjährigen Hundedame Molly. Urkundlich erwähnt wurde die Burg erstmals 1256 als Verwaltungs- und Wohnsitz der Grafen von Ravensberg und sie diente der Sicherung des Passes durch den Teutoburger Wald. Der letzte Graf von Ravensberg verstarb kinderlos und es folgte ein ständiger Besitzerwechsel durch Heirat, Erbfolgestreite und kriegerische Besetzungen. Spanier, Holländer, Schweden und Franzosen belagerten nacheinander die Burg, bevor sie, inzwischen stark beschädigt, an die Brandenburger überging. Von 1743 bis 1877 wurde sie als Gefängnis genutzt.

H wie Hermannsweg

Puh – ganz schön viel Geschichte auf diesem Hügel! Doch bevor wir das Burggelände näher erkunden, möchte Molly nach der langen Autofahrt erst einmal ihren verdienten Auslauf. Und wir auch! Vom Parkplatz an der Sparrenburg noch ein Blick zum weit aufragenden Turm, dann laufen wir in entgegengesetzter Richtung auf der **Hermannshöhe** durch eine mit Eichen und Eschen gesäumte Allee, die zu dieser frühen, noch etwas nebligen Stunde im Altweibersommer sehr malerisch aussieht. Wir befinden uns auf dem **Hermannsweg,** einem 160 Kilometer langen Kammweg durch den Teutoburger Wald mit der Wegmarkierung H. Ausführliche Informationen zu Rundwandertouren rund um diesen Weg sind auf der Infotafel am Parkplatz zu finden. Wir wollen nur zur Hundefreilaufwiese, und die ist nach wenigen Minuten Fußweg durch die Allee gut ausgeschildert. Der Weg führt unter Hängebuchen hindurch auf ein riesiges Wiesengelände im Tal.

Auf dem Hermannsweg

Romantisches Morgenlicht bricht durch die Allee.

Großer Spielspaß ...
... mit fliegenden Ohren

Leinen los!

Hier im **Hundefreilaufbereich** dürfen Molly und ihre Artgenossen leinenlos herumtollen. Es ist ein weitläufiges Areal mit mehreren Wiesen, getoppt durch einen, mit Steinen eingefassten Weiher voller Seerosen. Der wasserfreudigen Molly erstes Ziel. Immer wieder holt sie ihr Spielzeug aus dem Tümpel, bevor die vielen anderen Hunde sie interessieren. Die Freilauffläche ist ein wunderbarer Ort, um mit dem eigenen Hund zu spielen. Aber auch eine Pause auf der Bank am Teich ist nicht zu verachten. Während wir den Hund entspannt im Auge behalten, unterhalten wir uns mit anderen Hundehaltern über die liebeswerten und weniger liebenswerten Eigenheiten unserer Vierbeiner. Danach geht es weiter durch das Tal der idyllischen Parkanlage in Richtung Burg. Hierbei streifen wir die **Gaststätte Freudental,** die nur am Wochenende öffnet und dann ein Frühstücksbuffet zum Verwöhnen anbietet.

Doch nun bergauf, zurück über den **Hermannsweg** zur **Sparrenburg**. Erhaben ragt der Turm in die Höhe und massives Mauerwerk umgibt Palas und Burghof, während die Burgmauer in Richtung Bielefeld steil abfällt. Die unterirdischen Gewölbe, die **Kasematten** der Burg, werden von Fledermäusen als Winterquartier genutzt. Sie bieten den Tieren eine ideale Temperatur zur Überwinterung, während die umliegenden Parkanlagen als Jagdrevier zur Nahrungssuche dienen. In den letzten Jahren konnten zwölf Fledermausarten nachgewiesen werden. Unter anderem die in Nordrhein-Westfalen stark gefährdete Bechsteinfledermaus und das Große Mausohr. Daher ist die Sparrenburg mit dem angrenzenden Parkgebiet als FFH-Naturschutzgebiet ausgewiesen.

Hier ist Planschen erlaubt.

Pickert mit Rübenkraut

Durch einen Torbogen in der Burgmauer gelangen wir in den **Innenhof der Sparrenburg**. Von der Terrasse aus haben wir einen grandiosen Ausblick über die Stadt Bielefeld, die es ja angeblich gar nicht gibt. Stimmt nicht – es gibt sie doch und sie sieht mit ihren typisch westfälischen Bauten, spitzen Kirchtürmen und der schmucken Altstadt bereits aus der Entfernung sehr einladend aus. Wir planen einen Abstecher nach der Burgerkundung.

Im Burghof rechts befindet sich das Informationszentrum hilfreiches Material zur Besichtigung anbieten. Damit eingedeckt wollen wir zuerst eine Mittagsrast einlegen. An der Burgmauer stehen hölzerne Bänke und Tische für einen Imbiss vom Kiosk oder aus dem Rucksack bereit. Gegenüber lockt das **Restaurant Sparrenburg** mit westfälischen Leckereien nach mittelalterlicher Manier. Burgknappensteak, Gesindeteller, Reibekuchen und hausgemachter Pickert mit Rübenkraut stehen zur Wahl. Zum Dessert noch einen Grafenbecher?

Burghund im Mittelalter

Gestärkt geht es weiter durch ein großes hölzernes Tor auf einen weiteren Teil des Burgplateaus. Rechts sehen wir den Burgbrunnen und den Aufgang in den Turm. Hunde haben zu Turm und Kasematten keinen Zugang. Wie war es wohl im Mittelalter? Lebte man zu dieser Zeit als Hund so wohlbehütet wie Molly bei Martina und Michael? Man unterschied stark zwischen Nutztier und Schoß- und Gesellschaftstier. Die meisten Hunde waren Wach- oder Jagdhunde, die sich ihr Futter schwer verdienen mussten. Aber es gab in der höheren Gesellschaft, gerade bei den edlen Damen, auch kostbare Schoßhunde: auffallende und sehr kleine Züchtungen, die beispielsweise den heutigen Pinschern, Maltesern oder Windspielen glichen. Auch ließ man Hunde und andere Kleintiere mit im Zimmer schlafen. Nicht etwa aus Tierliebe, sondern weil man hoffte, dass sich so Ungeziefer wie Läuse und Flöhe vom Menschen fernhielte, um sich bei den Tieren einzunisten.

Links: Ein paar Regeln für den Hundefreilaufbereich
Rechts: Ohne Leine auf vier Pfoten durchs Gras

Das weitläufige Burggelände

Seit Beginn der Festungssanierung werden immer wieder neue archäologische Überraschungen freigelegt. Überreste des Zeughauses, mehrere Rondelle, Mauern und zahlreiche kleine Fundstücke geben Aufschluss über das Leben auf der Burg. Wir spazieren mit Molly an der Leine gemütlich über das Gelände und genießen einen tollen Rundblick vom **Kiekstattrondell** aus in die Ferne. Von hier konnte die Stadt bei kriegerischen Auseinandersetzungen hervorragend verteidigt werden, denn die exponierte Lage erlaubte den Blick über ganz Bielefeld.

In die Ferne schauen

Oben: Hoch hinaus ragt der Turm der Burg.
Rechts: Molly mit Martina und Michael

Feste, Feste, Feste

1879 kaufte die Stadt die Sparrenburg für 8934,90 Mark vom preußischen Staat, baute das Palasgebäude mit einem festlichen „Rittersaal" und richtete ein Restaurant sowie Museumsräume ein. Das erste **Sparrenburgfest** fand statt und all dies mit der Absicht, das Gelände als Ausflugsziel bekannt zu machen. Diese Spektakel erfuhren 1979 zum hundertsten Jahrestag des Kaufs der Sparrenburg eine Neuauflage und finden nun regelmäßig am letzten Juli-Wochenende statt. Ein **Mittelaltermarkt** mit Handwerkskunst, historischen Speisen und Getränken sowie musikalischem Ohrenschmaus erwartet die Gäste. Beim Ritterturnier treten tapfere Männer in eiserner Rüstung gegeneinander an und so manche Lanze zerbirst im dramatischen, aber ungefährlichen Schaukampf.

Ein guter Grund für Martina, Michael und Molly zum nächsten Sparrenburgfest einmal wiederzukommen.

Oben: Im Burghof
Unten: Blick auf Bielefeld

SERVICE

 Sparrenburg
Am Sparrenberg
33602 Bielefeld
Tel. 0521-51 67 89
www.sparrenburg.info
Öffnungszeiten: Turm und Besucher-Informationszentrum:
April–Okt. tägl. 10–18 Uhr, Nov–März Sa, So und an Feiertagen
11–18 Uhr

 ANFAHRT
Pkw (Navi): Am Sparrenberg, 33602 Bielefeld
gebührenpflichtige Parkplätze an der Burg

 ÖPNV
Von Bielefeld Hbf. mit der Stadtbahn-Linie 1 in Richtung Senne
bis „Adenauerplatz". Von dort die Straße „Am Sparrenberg"
hinauf und der Beschilderung folgen.

 EINKEHREN
Freudental
Grenzweg 21
33617 Bielefeld
Tel. 0521-417 60 70
www.freudental-bielefeld.de
Frühstücksbuffet: Sa, So und an Feiertagen 9.30–13 Uhr

Restaurant Sparrenburg
Am Sparrenberg 38a
33602 Bielefeld
Tel. 0521-659 39
www.restaurant-sparrenburg.de
Öffnungszeiten: tägl. außer Di ab 12 Uhr

Kurze Verschnaufpause im kühlen Gras